KUWEI
酷威文化
图书 影视

男孩的学习力

[日] 富永雄辅◎著

吴一红◎译

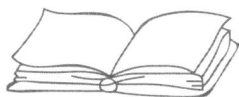

男 の 子 の 学 力 の 伸 ば し 方

四川文艺出版社

图书在版编目（CIP）数据

男孩的学习力 /（日）富永雄辅著；吴一红译 . -- 成都：
四川文艺出版社，2020.6（2023.1 重印）
ISBN 978-7-5411-5641-0

Ⅰ . ①男… Ⅱ . ①富… ②吴… Ⅲ . ①男性—学习方
法—家庭教育 Ⅳ . ① G791 ② G78

中国版本图书馆 CIP 数据核字 (2020) 第 039167 号
著作权合同登记号 图进字：21-2020-115

NANHAI DE XUEXILI

男孩的学习力

[日]富永雄辅 著

吴一红 译

出 品 人　张庆宁
出版统筹　刘运东
特约监制　刘思懿
责任编辑　叶竹君
特约策划　刘思懿
特约编辑　郑淑宁　申惠妍
封面设计　末末美书
责任校对　段 敏

出版发行　四川文艺出版社（成都市锦江区三色路238号）
网　　址　www.scwys.com
电　　话　010-85526620

印　　刷　三河市海新印务有限公司
成品尺寸　145mm×210mm　　　　开　本　32开
印　　张　6.5　　　　　　　　　字　数　120千字
版　　次　2020年6月第一版　　　印　次　2023年1月第四次印刷
书　　号　ISBN 978-7-5411-5641-0
定　　价　39.80元

序
提高男孩子的学习能力，得讲究方法

零招生选拔的升学辅导机构，何以傲视群雄，诞生大批准名校生？

"升学辅导机构 VAMOS" 是一所总部坐落于东京吉祥寺的补习机构。作为 VAMOS 的经营者，我本人操刀上阵来指导孩子们的学习。VAMOS 有骄人的名校录取率自然不必多说，此外，我还注重培养孩子们坚忍不拔的品格，这是助力他们在这个社会劈波斩浪、砥砺前行的法宝。

我的独家学习法获得了多方支持，尤其是来自男性家长们的鼎力支持。我能感受到他们发自内心地为孩子的将来考虑。

从幼儿园的幼儿到高三的复读生，VAMOS 的生源覆盖面十分广泛。以小学的男孩子为例，VAMOS 每年都助力大批学生升入开成、麻布、筑波大学附属驹场等首都圈的中学名校，名校录取率堪称"首都圈辅导机构的顶尖水平"。

目前，VAMOS 虽已将办学规模扩大到吉祥寺以外的四谷、滨田山等地区，但学生人数也就 150 人左右，不过是一所小规模的升学辅导机构罢了。

为何资本规模并不宏大的 VAMOS 能屡创升学佳绩呢？似乎很多人认为这是 VAMOS 进行了彻底的招生选拔，一开始就只向优秀的孩子敞开大门的原因。

然而，事实却截然相反。VAMOS 秉承"零招生选拔"的原则，以"先来后到"的规则招收学生。只招优秀的孩子？不，其实我们接触的更多是对孩子的事情已然束手无策，在万分苦恼之下早早前来咨询升学辅导事宜的家长们。

为什么我们坚持以"零选拔"的方式招收学生呢？因为我始终认为仅凭一次招生考试断然无法估摸出一个孩子的能力。尤其是为了小学升入初中（以下简称"小升初"）的考试而上辅导班的孩子，他们大多是不到小学四年级的学生。在孩子尚年幼的阶段，我们仅凭一次考试结果就对他们所具备的能力下判断，这有点痴人说梦，不切实际。

获得广大男性家长支持的逻辑性学习法

我坚信，不管是什么样的孩子，我都能够让他提高学习能力。在"提高率"上，我相信自己不逊色于其他同行。这不仅因为 VAMOS 业绩骄人，更重要的是我们采用了具备再现性的学习法。

关于详情，我会在正文中进行说明。我认为，提高学习能力的学习法存在明确的逻辑性。

很多人认为学习能力取决于悟性或者天生的才能。然而，只有极少数天才之间的龙争虎斗需要悟性发挥作用，对于绝大多数的孩子来讲，他们并不需要悟性这玩意儿。

努力确实是必不可少的，但如果努力的劲儿没使对地方，那么无论花费多长时间学习，考试结果都不会尽如人意。这一点在成人社会的职场中也完全适用。

在"提高学习能力的机制"和"理解的黑匣子"可视化的同时，本书还会向各位家长讲述帮助孩子提高学习能力的思路及实际做法。

本书尤其推荐下面这些家长阅读。

·疑惑为什么孩子学习了，但成绩就是上不去的家长；

·考虑到孩子要参加小升初考试，想了解更为有效的学习方法的家长；

·虽反对应试教育，但想让孩子掌握一些对将来有用的学习能力的家长；

·想让孩子独立自主学习的家长；

·对孩子听之任之导致其完全无心学习，因而苦恼的家长；

·夫妻之间对于孩子的学习所投入的精力和热情存在差异的家长。

对于增长孩子的学习能力，也许很多人寄希望于"解题的魔法技巧"或者"悟性良好的思维方式"。然而，这种东西在现实中并不存在。如果将增长学习能力的过程进行分解，那么不外乎是增加基础性的知识"点"，并且将这些点进行有效连接，从而连成"线"。换言之，"理解"就是"连点成线"的过程。

算术中有"九九乘法表"，它是一种基本的解题方法；而实际上，其他学科也有相当于"九九乘法表"的基本方法。关键就在于通过反复练习来掌握这些方法，并且很好地将这些方法融会贯通，即"连点成线"。学习能力增长的结构，不关乎悟性，而关乎逻辑。

开展顺应各个孩子特性的"阶梯式学习"，有助提升其学习能力

VAMOS 除采用兼具逻辑性和再现性的学习法之外，还根据每个孩子的性格特征采取了多样且灵活的学习指导方法。

具体来说，首先，我们开展的是彻底的"阶梯式学习"。

我也会在正文中说明这部分的详情。和体育锻炼一样，

学习也需要循序渐进。当某个内容的难度以 A、B、C、D、E 的等级不断递增时，孩子在尚未理解 B 等级的情况下，就无法理解 C 等级以上难度的内容。如有必要，必须返回到最初的 A，重拾基础，这有利于孩子对整体内容的理解。

然而，现实中有很多好高骛远的例子。比如，很多家长认为"不能落后于其他的孩子""有难度的东西多多少少都得学一点儿"。对于这种想法，我实难苟同。我会理清每个孩子"现阶段的理解水平"，一步一步脚踏实地地去提高他们的理解能力。这是逻辑性的问题，"不分青红皂白，眉毛胡子一把抓"的教学法不是我的风格。

注重男孩子脑部开发的科学学习法

如本书的标题所示，在增强孩子的学习能力方面，我注重"性别差异"。

在这个宣扬"无性别差异"的时代，当我提到性别差异时，也许有人会产生警戒心："这人该不会是一个性别歧视主义者吧？"但无妨，因为这不是事实。我希望男孩子和女孩子都可以发挥其最大的潜能，成为具有发散性思维、思想丰富的人物。

在教育界摸爬滚打多年的我坚信：在这个目标的实现上，着眼于性别差异的学习是卓有成效的。

当然，我并非摆老资格，仅凭着自己的经验做出这个判断。我们通过专业的脑科学研究可以了解到：女孩子的左右脑发育得更早且相对均衡，相较之下，男孩子左脑发育迟缓，右脑远比左脑发达。

男孩子掌管语言能力的左脑发育迟缓，让他们在国语的长篇阅读理解方面吃了不少苦头。这是有科学依据的。

当孩子成年后，不论男女，他们都能应付自己不擅长的领域。而对于脑部尚处在发育阶段的孩子们而言，左右脑的发育差异所带来的影响却很大。如果无视这个事实而盲目开展教学工作，那么不仅会给孩子们造成多余的负担，同时学习效果亦是"事倍功半"。

诚然，从脑科学和性格的角度来看，有的男孩子偏女孩子气，而有的女孩子则偏男孩子气。据说在成年人中，约15%的男性的脑部发育会偏女性化，而约10%的女性的脑部发育则会偏男性化——在孩子们当中应该也有这个倾向。

鉴于这些情况，非常欢迎男孩子的家长们阅读本书的"姊妹篇"——《女孩的学习力》，也欢迎女孩子的家长们阅读本书。关键是请各位家长进行符合"自家孩子的特点"的学习指导。

通过学习，掌握步入社会后也能派上用场的"生存能力"

幼年时，因为父亲工作的关系，我曾在西班牙马德里生活了 10 年。在我看来，西班牙人的生活完全是围着足球转的。当时，我家附近就有一个足球场，我自己也深受足球文化的熏陶。

现在的我，在经营升学辅导机构之余，还以日本足球协会的注册中介人的身份，从事着 J 联盟职业足球选手的培养和管理工作。

当中学时期的我从西班牙回到日本后，感触最深的就是日本的教育着实出色。包括小孩子在内的日本人，个个遵纪守礼，并且几乎人人都识字。而这在西班牙是难以想象的。

不过，对于日本人过于谦逊、不能自主判断、不善于自主思考的这些特点，我颇感遗憾。

这十几年来，日本社会开始意识到幼儿教育的重要性。于是，很多孩子从小就开始上升学辅导班。但是，多数的升学辅导机构都仅限于给孩子灌输应试的技巧，不会让他们掌握步入社会后也通用的能力。

例如：多数机构都有固定的通用学习课程，然后要求孩子们拿出悬梁刺股的精神来学习。由于这些课程并不适合每一个孩子，自然就有孩子跟不上进度。

另外，这些课程都是辅导机构方面准备好的大众化内容，说句不好听的，他们要求孩子们像没有自我意识的机器人一样，完全照着这些毫无个性的内容进行学习。

但是，在这种学习方式下诞生的孩子只会是在其他方面的能力十分有限的应试精英。大部分的家长应该都希望自己的孩子成为一个独立思考、独立开拓人生道路的人吧。按照我的学习方法，我会针对每个孩子的水平，为他们量身打造个性化课程，让他们自己选择记忆方法；让他们思考利用20%的自习时间该做些什么；让他们在学习的同时，提高自主性，培养思考和决断的能力。我始终把这些事情放在心上。

顺便提一句，在培养职业足球选手时，我采用的是与升学辅导机构基本一致的培养方法，因为运动和学习有许多共通之处。

确定训练项目，掌握学习技巧，理解比赛过程中的动作……这些与学习中的"理解"机制有异曲同工之处。仅凭千篇一律的死记硬背式学习，无法应对复杂的局面。要理解、实践复杂的比赛流程，则必须掌握正确的踢球和脚底停球等基本功。而把这些所谓的基本功进行有机连接，是有诀窍的。

幸运的是，不仅是升学辅导机构的经营，在足球选手培养方面，我也颇受好评。新的业务委托可谓纷至沓来。

"凭借自身的诀窍和努力而达成目标的经验"将助力孩子的能力增长

在 VAMOS，我们是和家长一起培养孩子的。我会丝毫不留情面地批评学生，因为我认为教给孩子们考入名校的技能并非学习之路的终点。

最重要的是"凭借自身的诀窍和努力而达成目标的经验"，不断积累的这种经验将化作每个孩子立足于这个社会的力量。这一点对于男孩子和女孩子都是一样的。

在顺利完成小升初考试后，很多 VAMOS 的学生从 VAMOS 退班后还会重新回来继续深造。在这一点上，我很骄傲：VAMOS 已经不是单纯意义上掌握学习技巧的地方，而升华成一个人可以获得成长的地方了。

此外，没有比孩子们养成"学习习惯"更令我高兴的事情了。

学习习惯是伴随一个人一生的力量。若幼年时期就养成习惯，那么日后面对高考和初入职场的资格考试时，都不会太辛苦。在号称"人活 100 岁"的当今时代，唯有学习习惯才能助你实现漫漫人生中的理想转职。

学习习惯非一朝一夕就能养成的，但是一旦养成，将成为一个人余生最大的财富。自主学习和成长的习惯无关一个人与生俱来的头脑好坏。这个习惯会化作一股顽强的力量，为社会生存提供便利。

在提高男孩子的学习能力方面，家长力所能及的所有事情

首先，本书将在序章中对提高学习能力的基本思路进行总结。

第 1 章介绍了男孩子的 7 个本能性特征。第 2 章介绍了活用这些特征以提高学习能力的 5 个绝对法则。

第 3 章介绍了培养思考力的 13 个诀窍。第 4 章介绍了男孩子尤其不擅长的目标计划术的技巧。

第 5 章将就高效提高算术、国语、理科、社会这四个必修科目①成绩的学习法进行详细说明。第 6 章会介绍男孩子自主学习习惯的养成。同时，第 7 章会对能够提高孩子成绩的家长的习惯术进行总结。

本书不过是为各位家长提供一个提高孩子学习能力的方向，而本书的内容囊括了在提高男孩子的学习能力方面家长力所能及的所有事情。

各位家长不妨抱着尝试的心态，实践看看。孩子所拥有的潜能超乎父母对他们的认知。

男孩子的左脑相对不发达，因此显得笨嘴拙舌。这在父母看来，兴许有种靠不住的感觉。但是，他们在某些时候，因为某个很小的契机，就会摇身一变，脱胎换骨。这正是男孩子有趣的地方。

本书若能帮助各位家长挖掘出孩子的潜能，那么作为作者，我将不胜欢喜。

---

① 算术、国语、理科、社会是日本小学的部分学科，其中算术相当于中国小学的数学，国语相当于中国小学的语文，而理科与中国小学的科学课类似，但涵盖范围更广。

目　录
CONTENTS

序 章

活用脑部特性的逻辑性学习法

无论孩子的资质如何，都能让其学习能力提升的方法培养男孩子比较费劲儿。家长肯定常常感到困惑："他没事儿吧？"不过，孩子没有定性，专注力太差也无妨。每个孩子都是一块未经雕琢的宝石，一经打磨就会发光。而不为与生俱来的能力所左右、不依赖干劲和毅力、符合男孩子的脑部发育特点、能够提高其学习能力的诀窍，是存在的。

不管什么样的男孩子，都能获得成长的逻辑性学习法

男孩子大都没有定性，专注力差

主张"零招生选拔"的 VAMOS 会迎来一些从其他大型辅导机构中途退学的孩子。这些大多是男孩子，家长也为他们伤透了脑筋："对孩子的事情已经束手无策了。"但是，我有自信让这样的孩子也得到实实在在的成长。

VAMOS 不进行招生考试，但相对地，我很重视与孩子（包括家长在内）的面谈。每次面谈，我都切身地感受到"没有什么比家长对自家孩子的评价更不靠谱的了"。

如今，日本少子化现象日益严峻，一个家庭一般有 1~2 个孩子，最多也就 3 个。如此一来，很多家长陷入了一种尴尬的局面：家里没有孩子的比较对象。于是，他们就会从"纵向"的角度评价孩子。所谓"纵向评价"是指家长在判断孩子的能力时，会翻出自己的陈年旧事，以作为经验。

尤其是对于男孩子，有些父亲会自我吹捧："我像你这么大的时候，这点儿简单的小事，那都是小菜一碟……"

但是，家长口中的那个"过去的自己"基本上都是经过美化后的形象。事实上，小时候的他应该也和现在的孩子相差无几。

另一方面，母亲被男孩子折腾得够呛，他们与自己孩童时代的态度完全不一样，让她们疲惫不堪。是的，不管在哪个家庭，男孩子都是一种令家长感到困惑的存在："这孩子这样没问题吗？"

阅孩无数的我可以对他们进行公平的"横向"评价。如果问我的意见，那么我认为：小学阶段的男孩子就算到了高年级也还是老样子——没有定性，无法集中精力学习——这就是一般男孩子的状态。

但即便如此，只要掌握了逻辑性学习法，不管是什么样的孩子，都能很好地获得成长，在考试中取得理想的成绩，这点无须担心。

所谓学习，就是脚踏实地践行理解的过程

干劲和毅力其实是效率低下的原因

不论男孩子还是女孩子，每个孩子都是一块未经雕琢的

宝石，一经打磨就会发光。

迄今为止，我受托保管过许多"宝石"。他们起初浑身是泥，后来我磨呀磨呀，最后发现那不是"宝石"而是"普通石头"的案例却是百里无一。没有打磨价值的孩子，是不存在的。

因此，VAMOS 不需要进行招生考试。如果进行招生考试，那么留下的只会是经过打磨后的"宝石"，而那些浑身是泥、潜藏着可能性的孩子们则会被筛掉。

按照"先来后到"的原则招收学生，和家长们一起，朝着让孩子发挥最大潜能、绽放异彩的目标而努力奋斗，这给我带来的快乐是无与伦比的。

因此，为了让"宝石"绽放光彩，家长应该做些什么呢？

答案很简单，那就是：将泥土冲洗干净，然后一个劲儿地打磨它。而这就是 VAMOS 的"阶梯式学习"。

所谓学习，就是脚踏实地践行理解的过程。如果开展具有逻辑性的学习，那么不管什么样的孩子，都能在考试中取得自己比较满意的成绩。除此之外，别无他法，这就是我的观点。

然而，很多家长会寻求偏方。比如说，他们认为："这都 AI 时代了，还搞什么阶梯式，太慢了……没有什么办法让他快速出现惊人的转变吗？"也有家长想让孩子依靠其自身的干劲和毅力来学习，而这些方法并不会奏效。在吐槽孩子的能力之前，首先家长必须采取理性的态度。

已在欧美兴起的男女个性化课程

符合男孩子的脑部特性，成绩上涨了4倍

男性和女性的脑部发育情况有所不同。这只是一个单纯的事实，无关哪一方的脑袋比较灵光，哪一方的比较愚钝。

例如，在数数时，女性倾向于发出声音来数，这是其脑部的特征使然。

男性利用掌管空间能力的右脑来数数，而女性不仅用到右脑，同时还用到掌管语言能力的左脑，因此她们数数时会以语言的形式表现出来。

此外，女性喜欢彩色的东西，而男性偏爱单一色调的东西，这也是其脑部构造的一种反映。对颜色进行区分的是视网膜"锥状体细胞"，其根源是X染色体。而与只有1个X染色体的男性相比，具有2个X染色体的女性自然能够细致地认知、描绘颜色。

尚年幼的孩子们也是如此，女孩子在挑选文具的时候大都喜欢色彩鲜艳的可爱物件，这很正常。

但是，小学阶段的女孩子脑部发育情况和成年女性相近，而男孩子的脑部发育却一直处于欠发达状态。

一方面，男孩子的右脑不断发育；另一方面，掌管语言能力的左脑却迟迟不见发展。受此影响，他们停留在一种笨嘴拙舌、十分幼稚的状态。要让具有这种特性的男孩子取得突破，就必须开展符合其脑部特性的学习。

以欧美为主的一些地区兴起了一种学校，这些学校会将男女进行分班，用不同的学习方法进行培养，从而提升男孩子和女孩子各自的能力。

据说，英国的某个高中利用这种方法，实现了男生英语成绩上涨 4 倍，而女生数学成绩上涨 2 倍的突破。

由此可见，着眼于性别差异的教育有利于克服偏科。

孩子的学习能力存在一面"10 岁的墙"

产生"学习能力差距"的最初分岔口

男孩子即使到了小学高年级也不改其幼稚的本性。不过，对于培养学习能力来说，这个时期非常关键。

我们经常会说"噩梦的小 4"和"10 岁的墙"，在这个阶段，孩子们学习能力的差距会迅速拉大。

其中，很大的一个原因在于"小升初考试"。

一方面，以小升初考试为目标的学习要求学生不能只停留在"知道"的层面，还必须基于这个知识点进行思考，并将其应用于解题中。若志在小升初，那么即便只是个小学生，也不得不重复这个学习过程。

另一方面，公立小学的生源水平不一，其教学方针是让所有的学生都跟上课程的进度。

由此，志在小升初的孩子们与那些以学校课程为主的孩子们在学习能力方面就会产生很大的差距。

虽说如此，但实际上是否参加小升初考试并不重要。重要的是，孩子是满足于公立小学的课程内容，还是在求知欲最旺盛的时期不断开展适当的阶梯式学习，而使学习能力飞跃上升。

您的孩子，恰恰就处在这个节点上。

没有基础，就算想破头也想不出个所以然

"绝对性基本功"是思考的一切前提

所谓学习，就是脚踏实地践行理解的过程。

"践行理解的过程"要求学生彻底掌握基本功并开展阶梯式学习。

例如，在足球比赛中，当球传到自己跟前时，球员必须在一瞬之间判断"是从右边射门，还是向左边传球"。此时，这种情况或许要求球员具备一种应用能力。但在此之前，球

员必须很好地控制住自己跟前的球，下意识地做出这个控球动作后，才谈得上思考之后的作战策略。而能够下意识地控制住球，要归功于平常基本练习的积累。

这种被比作控球技术的"不懂得这个技术就绝对解不开题目的能力"，我称之为"绝对性基本功"，是我最重视的一个学习法。换言之，这种基本功就是"不用动脑子，动动手就能解题的能力"。百格计算①和公文学习也是磨炼"绝对性基本功"的好方法。

在小升初考试中甚至在高中阶段，绝对性基本功都是不可或缺的。对小学生而言，彻底地反复学习加法、减法、九九乘法表、汉字读写、社会学科的背诵等内容，十分重要。

但是，诸如此类的绝对性基本功的重要性太过理所当然，以至于反而被忽略了。

岂止如此，近来它的重要性还有被"思考力才重要"的风潮所压倒的倾向。

---

① 百格计算：日本教育专家阴山英男发明的一种简单的计算表格（以矩阵呈现）。表格的栏和列分别是十格，以加法为例，左上角一格是"+"，最顶端的那一横栏写有顺序打乱的 0 到 9，最左的列同样写有顺序打乱的 0 到 9，学生作答时把栏的每个数字与列的每个数字相加后再填到对应的格子中。

没有基础，则绝对解不开应用问题

练成学习能力的基本功后，就会出现"突破"

我在 VAMOS 与家长们面谈时，经常有家长提出"我们家是男孩子，我希望他掌握一些应用能力"的要求。

这种要求多见于父亲，我猜测他们在公司也许会告诉下属"应用能力很重要"。但是，下属听到这句话，也许会纳闷："应用能力是什么？"

那么，所谓的应用能力到底是什么呢？在孩子们的学习中，通过重复基础性内容而获得的能力会在某个阶段以应用能力的形式呈现。

例如：0.125 是八分之一，0.375 是八分之三。反复学习基础性内容的孩子对此已烂熟于心。因此，他们不会考虑 0.375 应该是一千分之三百七十五，而是瞬间联想到八分之三，从而能够在短时间内解题。这也是一种应用能力。

在做英语的长篇阅读理解时，我们虽然会遇到陌生的单词，但从上下文的语境可以推测出其意思。但是，这种做法的前提是我们要认识上下文的单词，如果所有单词基本上都不认识的话，那么就只能向题目举手投降了。所以，是否掌握大量的英语单词是胜负的关键。

换言之，应用能力位于基础学习能力的延长线上。

虽说具备基础学习能力不一定就能解开应用问题，但如果不具备基础学习能力，就绝对解不开应用问题。在追求应用能力之前，我们首先必须构筑基础学习能力。

正因如此，VAMOS在让学生掌握基础学习能力方面，比其他同行花费了更多的时间。因为构筑牢固的根基后，突破就是早晚的事情。

首先要弄清各门学科的"零点"

对男孩子来说，从"正确的现阶段水平"出发很关键

在掌握基础学习能力的过程中，必须弄清孩子现在理解到哪个程度，即其"现阶段水平"。对于孩子理解的盲点，我称之为"零点"。要提高基础学习能力，就必须返回零点，把不懂的知识一点一点地捡起来。

尤其是小学阶段的男孩子与女孩子相比，个人学习能力的差距较大，偏差值的差距也很大。因此，不能因为"A君和B君前面的内容都会了"，而就此确定C君的零点。对待同一年级的学生，不能"眉毛胡子一把抓"，要把C君当作C君本身来看待。

此外，每门学科都要认真地找出"零点"，因为男孩子本身就有"只做自己喜欢的事情"的倾向。如果放任不管，

那么他喜欢的学科会不断进步，而不喜欢的学科则会越发不擅长。

对于男孩子而言，"算术的零点是这里，国语的零点是那里……"必须始终把握各门学科的基础学习能力，并基于此不断累积。

"战线短的学习计划"是男孩子不可动摇的学习法则

男孩子努力时往往会弄错目的和手段

其实，男孩子很喜欢"没有终点的马拉松"，有时会漫无目的地做一些无谓的努力。他们会弄错目的和手段。

"我昨天写了 300 个字呢！"

"哦，那你记住写法了吗？"

"反正我是写了。花了我 3 个小时呢！"

这就和老派作风的工薪族不关心成果，只因"这个月加了好几个小时的班"就暗自得意是一个道理。

然而，如今的孩子们学业繁忙，时间甚是宝贵。要高效地提高学习能力，就必须让孩子进行真正有必要的学习。

比如说，有 10 张汉字的字帖，让孩子全部完美地掌握是不大可能的。此时，大人可以指导孩子："你之前第 5 张和第

7张写得不是很好，这次就先集中精力写那两张。"否则的话，他们总是会从第1张开始写，还没写到第5张，不是没时间了，就是写到乏了。

孩子的学习必须制订一个计划。但是对于男孩子来说，要缩短学习计划的战线，不断把握零点的同时，以2~3天或者1~2周为单位制订计划为宜。

关于计划术，我会在第4章做详细说明。在这里，请先记住："男孩子适合战线较短的学习计划。"

超乎"头脑灵活度"的学习能力

学习能力强的孩子都有的"家庭力"的秘密

除了以上我们提及的，重要的学习能力还包括"是否具备良好的学习状态"。

VAMOS招收了许多因为在大型辅导机构跟不上课程进度而转过来的孩子。我在了解他们的情况后发现：其实他们并非没有学习能力，只是欠缺一些基本的素养，这导致他们连栽跟头。

比如，有的孩子不懂得如何整理教材。每次发到手里的材料都被搞得乱七八糟。等到要学习的时候，只能面对一堆杂乱无章的东西而手足无措，浪费了许多时间，结果就会被其他孩子甩到后面。此外，有的孩子坐在椅子上就浑身难受，有的孩子连握笔的姿势都不对。

要我说，他们就是因为没有具备良好的"素养"，所以没有集中精力学习的状态。

尤其是在小学阶段，对孩子学习能力影响较大的是一个家庭的生活方式，而不是一个孩子的头脑灵活度。这是我非常重视的一个因素，对此，我称之为"家庭力"。相比去哪个辅导机构补习，在家里以什么样的方式生活更为关键。

作为一种尝试手段，请各位家长试着让孩子清洁卫生间吧。其结果应该与其现在的学习能力有很大的关联性。

他是不是只擦了马桶座的表面就算完事了？

他有没有把马桶盖掀起来，把内部也擦一擦呢？

他有没有把马桶的背面和到地板的部分擦干净呢？

卫生间这个狭小空间可以如实反映出一个孩子的注意力，即其目光所至之处。

如果无视这些细节，而只关心分数的话，就算家长操碎了心也无济于事。

所谓"男孩子就是胡拼蛮干"的说法，不过是一种偏见

顺应当今孩子的特性，让其得到智力上的突破

在小学阶段，女孩子会比男孩子成长得更快，二者在精神层面的成熟度上完全不可同日而语。可以看看下课时孩子们去卫生间的场景。女孩子认真对待每一分每一秒，她们都是小跑着过去的，而男孩子却是慢条斯理、不慌不忙的。就算我看不过眼，在他们屁股后面喊"快点"，他们也不以为然，还在那儿傻笑。

这就是现实，因此请各位家长一定要摒除"男孩子就是胡拼蛮干"的偏见。

在小学阶段，比女孩子还拼的男孩子几乎是不存在的。

20 年前的男孩子和这个时代的男孩子是两种完全不同的生物，这是必须要知道的。这个责任并不在于他们，而是在于包括家长在内的整个社会风气。

孩子高考时，母亲跟着一起去现场这事儿放在以前，那是想都不敢想的。对这事儿丝毫不会感到不好意思的草食系男子 ① 和下一代，即当代的男孩子们自然是更显孱弱。

---

① 草食系男子：又称"食草男"，这个名词诞生于 2006 年的日本，他们是新时代的温柔男性，外表白净清秀，给人柔和温暖的感觉。

尽管社会已经变化到这种地步，但有些男性家长仍是不通时宜，秉持着"纵向"理论，将孩子和过去的自己相提并论。

这些男性家长对我也会提出要求："我家儿子请您不要客气，尽管调教。"若我完全接受这个指示，就算我体罚了他家的孩子，他也不会有任何怨言吧。但是，这终究只是家长的立场，而孩子就不同了。

虽然这个时代的男孩子比以往稍显孱弱，但是总有一天他们会比女孩子强壮。草食系的外表下，其实是肉食系的灵魂。然而，要挖掘出他们强大的一面，需要家长和孩子一起做出改变。

请家长们将"毅力论"封印起来，让孩子实现智力上的良好突破吧。

余生最大的财富之"学习习惯"

学习和工作都受益的"一生的力量"

在 VAMOS 学习的孩子们在小升初考试结束后，第一件事就是松一松紧绷的神经。男孩子一般都是一个劲儿地玩游戏，或者去打打棒球、踢踢足球等。他们这是要把之前因为学习而丢弃的那些乐趣都找回来。

另一方面，他们却不会忽视学习。如果之前他们每天花

5个小时在学习上，那么现在尽管他们有3个小时会沉浸在喜欢的游戏当中，但还是会花2个小时学习。也就是说，他们已经养成了学习的习惯，不学习就浑身不自在。

对于让年纪尚小的孩子参加小升初考试这件事情，社会各界众说纷纭，褒贬不一。然而，关于学习习惯对一个孩子之后的学生生活和社会生活的重要性，却没有人会质疑。

养成后的学习习惯是会跟随人一辈子的。如果打心眼儿里觉得学习是一件理所当然的事情，那么高考也好，就职后的资格考试也罢，无论应对哪一种考验都不会太辛苦。

此外，由于孩子对通过反复学习练成基本功的重要性已经心知肚明，因此体育锻炼的枯燥练习和初入职场后的诸多忍耐都将不成问题。商人大多对学习的重要性深有感触。不被眼前的快乐冲昏头脑，养成每天孜孜不倦地学习的习惯，才是超乎头脑灵活度的真正实力所在。而这绝非是一朝一夕就能实现的。

学习习惯会成为一个人一生最大的财富，是他在社会上劈风斩浪、砥砺前行的必要技能。而这也是从根本上有别于眼光局限于眼前的考试技巧，其他方面的能力却十分有限的应试精英的地方。

第1章

激发男孩子动力的 7 个不可思议的特征

从小就自尊心爆棚的小小战士们的本能

男孩子是一种颇为复杂的生物，他们骨子里桀骜不驯，自尊心很强，一旦遭到否定，就会有满满的挫败感。可尽管如此，"不碰钉子心不死""不撞南墙不回头"仍是其本色。男孩子，不管他的年龄有多大，总有不够成熟之处。但若他"自我肯定感"爆棚，怀有"谜之自信"，则将"所向无敌"。若能把握男孩子的这些特性并将其转化升级为优点，那么他们的学习成绩自然会突飞猛进。

1. 禁不得否定、指示和命令

男孩子有自卑感最为致命

男性，无论是孩子抑或是大人，都是自尊心很强的生物。也许母亲们会纳闷：为什么他会这么在乎自尊心？

所谓自尊心，可以说是一种自我保护的本能。它的潜台词是，想让对方认可"自己是一个有价值的人"。

男孩子在生活中始终抱有一种强烈的意识："我是个男的，必须要好好地干。"

然而，一旦遭到否定，"为什么你就是办不成呢""亏你还是个男的"，他们的自卑感就会油然而生。

在情感方面，男孩子虽然反应慢半拍，却很容易受伤害。这似乎与强大的雄性拥有繁衍子孙后代的权利，而弱小的雄性则逐渐被淘汰的趋势有关。

男孩子天生就惧怕承认自己不如别人。因此，他们非常想隐藏自己的弱点。如果自己办不成某些事情，为了使这个结果正当化，往往生出诸多借口。

鉴于男孩子的这种特性，请尽量不要在言辞上否定他，因为遭到否定后，他便会丧失自我肯定感和自信。重要的是，思考如何去认可他的优点。

此外，对于自尊心很强的男孩子，如果经常对他发号施令、颐指气使，会伤害到他的自尊心，反而会让他产生反抗心理。特别是做父亲的，不要动不动就切换到工作模式，对孩子说话就像对待自己的部下一样。当然，父亲是出于"这样对孩子好"的心理才这么做的。对于总有一天要步入社会、投入"战斗"中的男孩子，他们希望"孩子可以变强"，因此往往会说出诸如"你还能再加把劲儿""你自己好好想想吧"之类的话。

被父亲这么折腾，有些男孩子嘴上会说"嗯，我明白了"。听到孩子这么回答，父亲心里也许会觉得"他是认可我这种做法的"。然而，孩子并不是因为认可才这么说，他只是想着"不要惹老爸发飙为妙"才做出这番举动而已。

男孩子听到否定自己存在价值的话，内心会很受打击，对说出这种话的人也会渐渐产生一种敌对的心理。因此，请各位家长注意自己说话的方式，不要伤害孩子的自尊心。

小学阶段的男孩子还处在跟父母撒娇的阶段。然而，就是这种稚嫩，在某个时候会催生出一股强大的专注力，有助于他们实现突破。

在此之前，请各位家长把握好分寸，就这么让孩子游戏于你们的掌心吧。

2. 不碰钉子心不死

心血来潮时，什么都干，受挫了也很快满血复活

精神层面成长较快的女孩子具有想象力和预见力，这让她们能够理解父母对自己说的话。但是，男孩子却并非如此。他们只有自己尝试了、失败了，才会幡然醒悟"原来这个方法是行不通的"。因此，对待男孩子，必须让他去尝试、犯错，让他自己心服口服。

一个四年级的男孩子，解算术题的时候，大人指导他"把公式写出来再思考怎么解题"，可他却从不这么做。也许，他就是觉得麻烦。但是，到了某个阶段，他开始慌了，觉得按照自己的方式完全解不出题，于是终于意识到"公式果然很重要"。自那之后，就算大人不在他耳边唠叨，他也会自动地"把公式写出来再思考怎么解题"。

还有一个例子，也是一个四年级的男孩子，他想自己决定用什么方式来学习自己不擅长的汉字书写。

他想了好几种方案：和妈妈一起在客厅学习，一个人关在屋子里学习，学校放假时和朋友一起学习……虽然无论怎么想，最佳方案都是让他妈妈来督促他，但我当时并没有指

出来。

　　他自我感觉良好，说："利用学校放假时间这个方案比较合理。"结果放假时，他光顾着玩了，什么都没学。最后，他终于承认："让妈妈督促我比较好。"

　　男孩子就是这样，经常心血来潮，想怎样就怎样。因此，比起对孩子说"你得这么做"，不如让孩子去尝试、犯错。男孩子经历失败后，很快就会满血复活。他们就像不倒翁似的，这点不需要担心。

　　在这种意义上，以小升初为目标的学习最好尽早开始。如果六年级才开始，那么就没有充分的时间让孩子去尝试、犯错。而从三、四年级的时候开始，则可以进行多种尝试。

　　有的孩子在晚饭前学习的话是可以集中精力的，而有的孩子则是睡觉前30分钟学习效率比较高。每个孩子特性不一，这些可以通过尝试和犯错来把握。尝试并不断优化学习过程，之后的学习效率就会很高。

3. 想靠自己的力量解决问题

若男孩子切身感受到是"靠自己完成的"，那么将会获得成长

　　男性，尤其是小学阶段的男孩子，他们是一种"什么事情都想去尝试"的生物。并且，他们不会去考虑"这个事情现实中有可能做到吗""结果会如何呢"，而是会不顾一切地去做。

总之，他们就是也想上辅导班，也想玩游戏，也想游泳，也想打棒球，也想踢足球……不顾一切、一通乱做之后，尽显"三天打鱼两天晒网"的本性。然后同样的剧情不断上演。一句话总结就是，他们在制订计划方面特别不得要领。

也许对此，父母忍不住想拿职场的那一套来说教："凡事有轻重缓急的嘛。""回过头去验证，就会发现什么东西应该舍弃啦。"

然而，此时最好不要直接告诉他"做法"或"答案"。因为男孩子会将大人的教诲置之脑后，接着会纳闷自己当初是怎么做才成功的，这无益于他的成长。

当男孩子发自内心地认为"不容易，但我是靠自己完成的"时，那么他会得到很大的成长。如果你教他该怎么做，那就等于把他成长的机会扼杀在了摇篮里。

男孩子"这个也想做，那个也想做，但是没有任何计划性"的行径，尤其令做母亲的费解，并且十分烦躁不安。

如果家里的孩子没有定性，经常不假思索地做一些无厘头的事情，那么家长首先要做的就是让他去尝试。如果你不让孩子做，并对他说"没必要做那个事情"，那么他肯定是心有不甘的。这样一来，对于他想做的那些事情，不管过了多久，他还是会残留"我想要做""我应该可以的"的想法。

对于没有预见力的男孩子，要他通过想象判断自己对于某些事情"做得成还是做不成"是很困难的，只有让他用尝试和犯错来进行验证。在这个过程中，家长要让孩子自己体会"靠自己打开局面，完成目标"。

4. 奖励是努力的动力

看得见的奖励会提升男孩子的干劲

相信很多人在处理棘手的工作时会给自己鼓劲："等搞定了这个，就能去喝上一杯了。"连日来的繁重工作使得身心早已疲惫不堪，但很多人不是选择早些回家睡觉，而是选择去喝上一杯。是的，大家都在做着如此矛盾的事情。人还是很喜欢奖励这玩意儿的。大人尚且如此，小孩子若不给点儿奖励，他怎么可能会有努力的动力？

教育经济学的研究已经证明：奖励可以有效地提高一个人的积极性。男孩子比女孩子更渴望看得见的奖励。在大人看来，男孩子多数情况下"随便给点儿什么东西就行"；而女孩子想要的是谁看了都会觉得"这个好可爱"的东西，比如可爱的笔盒或者自动铅笔。不过，女孩子有时候会想要"旁人所拥有的东西"，而那可能不是她真正想要的。

另一方面，男孩子多是以自我为中心的。他们就算被别人嫌弃想要的东西非常奇怪也不会生气。他们会要一些让大人感到诧异的玩意儿，如 10 日元带装饰性贴签的泡泡糖。

如果家长们了解了对自家的孩子而言什么是具有诱惑力的奖励，那么就可以很好地激发出孩子的动力。

相反地，如果男孩子不向你提出这么纯真的需求时，情况就麻烦了。

当你问孩子"你这段时间这么努力学习，如果考试考得好的话，你想做什么"时，孩子回答"想睡觉"，那么这个孩子的干劲就很难被激发出来。

如今，职场上也有越来越多的年轻人会说"不想出人头地""工资差不多就得了"。但他们正是因为还年轻，身体还健康才说得出这种话。"少壮不努力，老大徒伤悲"是众所周知的事实。

日常生活中，家长培养孩子"好好加油干，就能得到××"的习惯，是有意义的。同时，这个时候不要轻易对孩子想要的东西说"那是什么无聊的玩意儿"，这很重要。

5. 总之就是争强好胜，竞争意识强烈

培养男孩子最大的武器——"谜之自信"

人类和其他动物一样，有"守护自己的族群"的本能。

女性往往会用爱情来达到这个目标，而男性则倾向于选择与其他族群进行斗争。这个差异由其分泌的脑内荷尔蒙决定。

虽说是小学生，但男孩子体内本来就有一股"想要打倒敌人"的欲望。打游戏时，他们偏爱格斗类，看漫画和做运动也喜欢竞技类的。此外，通过接触这些类型的东西，他们形成了一种"我能赢"的意识。不知为何，"能赢"已经成为一个大前提。

这种"谜之自信"就是男孩子的一大特征。当然，如果一直这么"谜"下去也不是个办法，家长必须好好刺激并增加他们的自信心。

比如，孩子在汉字小测验中，拿到10个人中第7名的成绩。虽说这是中下水平，但如果上一次小测验他拿到的是第8名的成绩，那么这就是一个进步。家长可以说："你这不又赢了一个人嘛。"此时，要表扬他，让他产生一种意识，认为自己可以打倒敌人。

同时，男孩子各门学科的成绩往往不均衡，家长可以利用他争强好胜的这个特性来提高他较差学科的成绩。而对于他擅长的学科，如果让他意识到"你赢了自己的对手们""你处在上层水平"，那么很多男孩子会产生一种自信——"我好厉害"，而其他学科的成绩也会不知不觉跟上来。

不过，家长必须注意不能过度表扬，因为如果孩子抱有过强的竞争意识，就会破坏他自己的学习节奏。还是要根据孩子的水平，适当地刺激他的竞争意识。

如果孩子总是赢不了竞争对手，那么家长可以先指导孩子打赢与自己的战争。

对职场人士而言，如果同期里有很优秀的人，那么要打赢升职战是比较困难的。但是，此时，他可以安慰自己："同期的人工资可能涨了 3 倍，但我自己也涨了 1.5 倍呢。"

家长要注意让孩子去战斗，而不要让其妄自菲薄。

6. 容易投入某个事情中，但也容易厌倦

非强迫性地将努力引导至"投入的点"

"男孩子就是三分钟热度"这句话我从女性家长那里已经听到耳朵都要长茧子了。确切地说，是这样的。男孩子就是三分钟热度，他们会很快喜欢上一样东西，然后也会很快厌倦。

包括我在内的男性家长们应该还记忆犹新，本以为孩子仍沉迷于奥特曼，结果第二天他却说假面骑士才是最帅的……男的，就是这么一回事儿吧。

不过，我也感受到了一个事实：男孩子这种幼稚之处会随着时代的变化而越发明显。现在就算是小学五年级的孩子，幼稚程度也和幼儿园的幼儿差不多。因此，不仅是做母亲的，

就连父亲也对家里的男孩子的行为感到惴惴不安。

但是，家长们不要试图去改变这一点，而要去接受孩子的特性并对此进行培养。希望各位家长不要忘记：男孩子虽然很容易厌倦一样东西或一件事，但是他也"很容易投入"。

男孩子本来就不善于表达自己，他们嘴上会说："我学这个学得都烦了，想学学别的。"从男孩子身上很容易就能看出注意力不集中的蛛丝马迹：腿抖来抖去，眼睛四处乱瞟。此时，发现孩子学习时注意力不集中的家长大多会说："你看你，认真一点。""再有一个小时就好了，好好学。"然而，对注意力早已不在现场的男孩子要求这些有些痴心妄想。这个时候，让孩子稍作休息，或者去上个洗手间，又或者换门学科学习，也许他很快能够再次投入学习中。

家长不要强迫孩子"给我接着学"，而必须把孩子引导到他"投入的点"。

请各位家长试想一下：即使只能集中精力学习 10 分钟，但是 6 个 10 分钟就是 1 个小时。即便很零散，但是投入状态下的合计 1 个小时的价值，远远超过懒懒散散无法集中精力而呆坐于桌前的连续 1 个小时。

7. 小小的成功就能让他大变身

让他切身感受到自己"能行"，以增强自我肯定感

我认为孩子的成长存在一个"舞台"。

女孩子很顺利地一步一个台阶地往上走。因此，小学的前半段，女孩子的成长水平明显高于男孩子。

对于在舞台上原地踏步的男孩子，不应在言语上否定他——"你那么学是没用的"。因为男孩子在这个舞台上看似浪费了时间，但在后面有可能会蜕变出一种发展潜力。并且，一些否定性的话语可能会击垮尚年幼，还未形成自我肯定感的男孩子。

当孩子在学习方面原地踏步没有进展时，家长可以让他做一些自己力所能及的事情。一年级下学期的算术题也好，汉字书写也罢。不管是什么样的孩子，总有他做得来的事情。因此，家长要多加留意，让他不断重复练习基础性的知识点，重复练习解题。

让孩子一直做一些简单的题目，使他切实地感受到"自己能行"后，会让他产生一种"谜之自信"，觉得"自己做其他的事情也能行"。

同样的问题，以"我能行"的态度去挑战和以毫无自信的心态去面对，这二者的结果自是不同。尤其是在正式考试

中，气氛很紧张，不知道会出现一些什么样的题目。让孩子在看到题目后觉得"我一直都能行，所以这次也可以的"，这点非常重要。

滩、开成等名校出身的学生之所以容易考上东京大学，除了他们学习能力确实很强之外，还有很大原因在于其自我心理暗示："我觉得我能考上东京大学，因为一直以来我的学习都不错。"不过，这一点无据可考。

请各位家长让孩子积累各种各样的成功经验，然后从中提升自我肯定感吧。不仅仅是学习，单杠、跳箱、跳绳都可以。

以前不会的单杠翻转上杠，现在妥妥地完成啦。

本来只能跳 5 段的跳箱，结果刷新纪录跳了 8 段。

当孩子收获这些成功经验后，家长要鼓励孩子"这不难，你什么都能行"，那么他们就会有令人意想不到的成长。

第2章

提高男孩子学习能力的5个绝对原则

任何孩子都通用的『涨分』机制

要提高学习能力，首先必须把握"理解"机制。学习必定有一定的过程，"理解"不是一蹴而就的。在正确把握孩子的现阶段理解水平的同时，如何"连点成线"？本章将揭晓学习能力提高的秘密。

原则1：学习能力必定呈"阶段式"提高

10~13岁的生活方式决定了他的学习能力

●学习能力的提高方法讲究顺序
——阶段性提高的3个步骤之"泡澡理论"

孩子学习能力的提高大致分为3个阶段。我把学习能力提高的阶段比作泡澡的过程，并按此进行说明。我把这种方法称为"泡澡理论"。

最开始是"建造浴缸"的阶段。

如果想泡个舒服的澡，那么首先需要一个漂亮结实的浴缸。浴缸自然大一点较好，但若出现破洞或者裂痕就糟糕了。

这个阶段处于"根基期"，要小心不让浴缸出现瑕疵，要打好孩子学习能力的根基。

接下来是"放水"的阶段。

牢固的浴缸建造完成后，便可往里注水。浴缸越大，可储存的水就越多。但有时水最多只能放到一半的位置。

这个阶段相当于孩子收获各种各样信息的一个"知识期"。

最后是"备齐小工具"的阶段。

浴室不光是泡澡，还是清除身体污垢，让整个人变得清爽的地方。为此，还要准备好毛巾和肥皂等用品。

这个阶段，对于孩子的学习能力而言，是一个"精致期"。

这就要求孩子切实按照这个流程，在所有的阶段踏踏实实地做好应该做的事情，尤其是在根基期，必须彻底做好材料堆砌和品质检查工作。如果浴缸本身存在质量问题，那么即使注入再清澈的水，采购再高级的肥皂，这个澡也泡不成。

然而，很多家长轻视浴缸本身的问题，只顾一味地往里注水，动不动就要着手准备小工具。毕竟水和小工具是花钱就可以准备好的。

当孩子成绩停滞不前时，家长必须检查浴缸，而不是水和小工具。此外，如果发现浴缸有问题，最好是从头开始修整，这样才能带来好的结果。

●为什么"根基期"最为重要？
——"快而准"地解开基本问题的优势

"建造浴缸"的工作，相当于在算术中熟练掌握加减乘除等计算方法的一个学习过程。

例如："5+8"的答案是"13"。对于学习基础好的孩子来说，不出 1 秒就能解答出来。然而，对于刚开始学习算术的孩子来说，可能要花 5 秒左右。这其中相差了 4 秒。如果是 4 位数的加法，每位数都有 4 秒之差，那么最终的差异将达到 16 秒。光是解答 1 个问题就被拉开了 16 秒的差距，那么二者实力悬殊，不足一赛。

在答题正确率方面，正确率 100% 的孩子和正确率 80% 的孩子随着题目的增加，差距也会渐渐地被拉开。

也就是说，如何"快而准"地解决这类基础性的计算、汉字书写、背诵问题等，是一个非常重要的课题。而所谓"建造浴缸"的时期，就是要认真切实地打好这个基础。

这个时期还有一项重大的工作就是培养专注力。这并不是要求孩子从一开始就精力集中 1 小时，而是要让他们从 3 分钟、5 分钟、10 分钟开始，一点一点地延长能够集中精力的时间。

男孩子和女孩子的根基期稍微错开了，男孩子的根基期在 0~10 岁。我觉得幼儿园大班段的男孩子和小学四五年级的男孩子在精神年龄层面上没有太大的差异。

●学习能力的差距始于 10~13 岁的"填鸭式学习"
——高考结果取决于中二前的学习

实际建造好的浴缸的大小，因人而异。

如果浴缸很结实，没有破洞或裂痕，那么就能装很多水。10~13岁阶段，正适合往浴缸里一股劲儿地灌水。

如今这个时代，升学辅导机构、网络课程、教材和参考书满天飞，应该装入浴缸的东西，要多少都可以轻易地拿到手。

在这个"知识期"，要彻底地贯彻"填鸭式学习"，哪怕多理解一个公式，多做一道国语的阅读理解题目，都会让孩子的学习能力扶摇直上。

不过，这个提高会出现在孩子10岁、11岁，抑或是13岁呢？这个时间点，即前文所述的那面"10岁的墙"，因人而异。

当然，如果参加小升初考试，那么13岁学习能力才有所提高，这未免有些太迟。因此，我们要努力让孩子在10~11岁的阶段取得学习上的突破。

如果不参加小升初考试，那么还来得及。但即便如此，13岁也到了一个极限了。

某所著名升学辅导学校的老师就曾指出"高考的结果取决于中二之前的学习"。往漂亮结实的浴缸里灌水，最迟要在13岁之前完成，因为孩子绝大部分学习能力取决于这之前所做的学习工作。

为了让泡澡更舒适而准备一些小工具的"精致期"是14~18岁的阶段。当孩子14岁后，尽管可以不断地换各种各样的毛巾和肥皂，但"什么样的浴缸"是早已定型了的。在小升初考试中失意落榜也无妨，只要最终考上理想的大学就好了。但如果"到高中再努力吧"，就为时过晚了。

原则 2：所谓"理解"就是增加知识点，并"连点成线"

学习能力提高时，会有什么迹象呢？

● "理解"无关悟性，而关乎逻辑
——将理解的黑匣子"可视化"

孩子们的成绩不会偶然得到提高，而会顺着一定的机制不断提高。或者应该换种说法，是"顺着一定的机制去理解"。若无视这个机制，那么不管家长冲着孩子喊多少句"加油"，都无济于事。

多数人认为理解能力与一个人与生俱来的头脑好坏和悟性有很大的关系。

因此，他们寄希望于磨炼悟性的训练。如果碰到难的问题，他们就会想知道解题的诀窍，想学习悟性良好的思维方式。他们觉得通过这样的训练，脑袋瓜会慢慢变得灵光起来。

然而，理解并不是通过使用秘密的技巧或发现前所未知

的解题方法而突然之间实现的。

理解的过程实际上并不是跳跃的，而是更加踏实的学习工作的反复。

换个角度来说，如果踏踏实实地反复做好学习工作，那么任何人都能实现"理解"的目标。理解比起悟性，更关乎逻辑。

要提高学习能力，关键不在于干劲和毅力，也不在于追求特别的法则，关键是将理解的黑匣子可视化并理解其逻辑。

当然，另一方面，孩子的才能和悟性存在差异，这是毋庸置疑的事实。在实际的小升初考试中，有很多是对天才型儿童有利的题目。尤其是著名男子学校都想招收富有才能和善于领悟的孩子，因此这个倾向就更明显了。

但是，富有才能和善于领悟的天才基本不存在。几乎所有的孩子都不需要考虑悟性和才能这些东西。

●首先要不断增加"基础知识"的点
——点增加了，抵达"理解"这一终点的网络也将得到强化

"基础"是我最重视的部分，尤其是对处于"建造浴缸"这一"根基期"的孩子，必须让他们不厌其烦地反复进行基础学习。

要让孩子反复地做计算题、国语题，以及社会、理科的背诵题等，直到他们真正掌握。尤其是以小升初为目标的孩

子们，必须贯彻这个学习方式。

当然，虽然在小升初考试中，光靠基础就能解开的题目并不多，但若没有基础，那么能够解开的题目也是寥寥无几的。

那么，应该怎么去解答光靠基础无法解开的题目呢？很多家长会认为这就要求孩子具备应用能力，但其实把基础知识的点加以连接就能解题。"理解"就是这么回事儿。

例如，"江户幕府成立的时间是 1603 年""美利坚合众国的首都是华盛顿""三重县的县厅所在地是津"等一个个知识点就是基础。也就是说，基础学习就是将一个个的知识作为"点"加以记忆的一项工作。

这种基础的点有很多，而因为这些点之间的有机联系，很多问题会很快迎刃而解。此时，点越多，抵达"理解"这一终点的网络就构筑得越精密。因此，无论多少基础的学习工作都不会白费。

然而，在现代社会，"增加点的工作"受到人们的轻视。

例如，在中学的英语课上，比起背诵英语单词，如今的老师会优先让孩子用耳朵听、用嘴巴说。但是，真正掌握了英语这门语言的人是先在脑袋里装了很多英语单词，再把这些单词进行有机结合的。英语单词不识几个，就想要掌握英语这门语言，这是无稽之谈。

同时，认为"思考很重要"的这股思潮也造成了一些影响。

都说东京大学的试题"考验的不是知识储备量，而是思考的能力"，但一个大前提是考生储备了足以供思考的素材。VAMOS 有很多讲师是东京大学出身，他们中心考试的分数也堪称"顶尖水平"。他们的基础很强，这是理所当然。

而商人一般认为比起知识渊博的人，能提出好的创意的人，才有价值。但是，胸中无物之人又何来创意呢？

所以，学习中非常重要的一点是增加"点"。

● **"连接的能力"就是思考的能力**
　　——在家就能做的连接"基础"点的学习法

要把在基础学习中所学的点进行有机连接，以实现"理解"的目标，有一套在家就能做的方法。

在 A3 左右大小的纸上写下许多要素点，然后让孩子连连看。此时，要让孩子用自己的话来说明"为什么这个点跟这个点连上了""那里发生了什么事情"。

至于要在纸上写一些什么要素点，这个完全随机。我们可以从报纸、杂志、孩子的教科书和地图册中找找看。

首先在纸的正中间写上一个要素，然后就像画思维导图一样，从这个要素开始连接其他要素点并进行延伸，这种做法颇为有效。例如：在正中间写上"唐纳德·特朗普"后，就可以此延伸出几条线，包括"伊万卡""库什纳""会谈""朝鲜""新加坡"等。

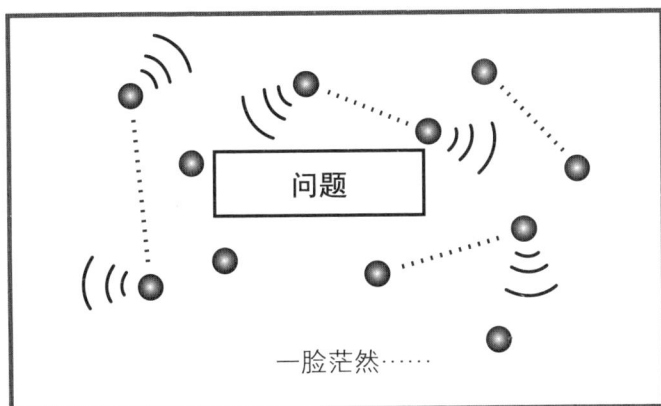

一脸茫然……

⬇

增加点并进行有机连接后

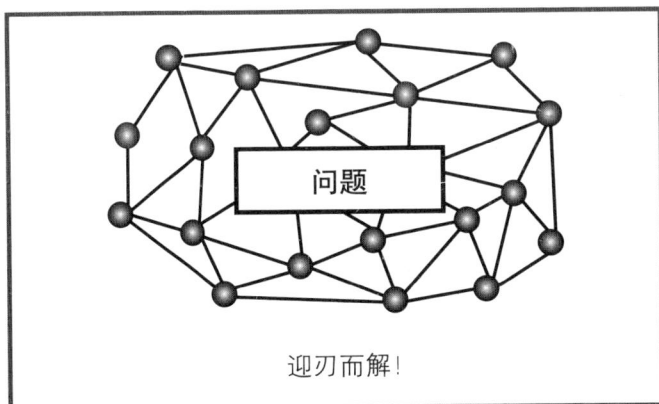

迎刃而解！

孩子们虽然擅长背诵，但像这样的"连接"工作做起来却比较吃力，问题可能就出在日本的学校教育制度上。例如，社会学科被分为"日本史""世界史""地理"这几门课程，如此一来，课程之间就不存在横向的连接。

由于孩子们已经习惯了这种学习方式，他们就没有那种意识：把自己好不容易记住的一些事件进行有机连接。请各位家长让孩子在家练习这种连接工作，让"连接能力"在孩子们的体内觉醒吧。

●要求孩子具备融会贯通的能力的考试题目越来越多
——滩中学也渴望拥有的能将基础知识进行有机连接的大脑

在小升初考试中，越是名校的题目，仅靠背诵的知识点无法应对的题目就越多。并且，题目的视角呈多样化的趋势。某中学的社会学科中，就出现了让孩子就"是否应该修订日本国宪法第9条"进行论述的题目。

此时，只是单纯地记住宪法第9条的内容无济于事，这个题目考察的是以自卫队的成立原委和实际情况、过去发生的战争和原子弹爆炸的受灾情况、如今的世界形势和恐怖主义问题等众多素材为基础，并将这些素材有机结合，进行深入分析的能力。

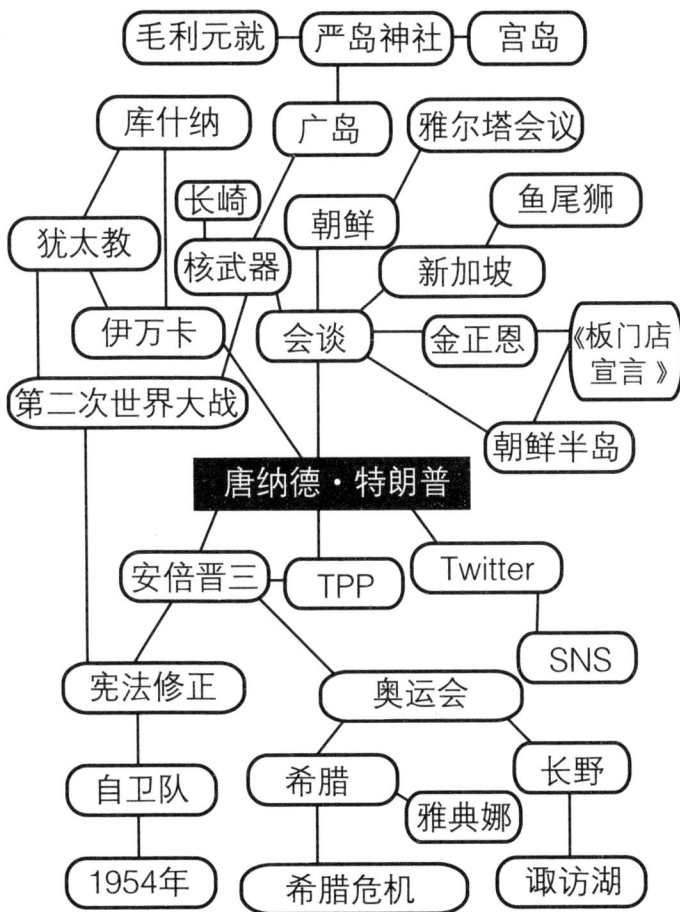

滩中学的理科试卷中出现了与"一天看到 2 次日出的方法"相关的题目。要解开这个题目，则必须将太阳升起的地轴和时间等多个要素相对应。这个题目考察的也是将基础知识的点进行有机结合的能力。

此外，有些考试要求学生具备推理能力。

以前的考试中，对于"1945 年 8 月 6 日被投放原子弹的城市是哪个"这样的题目，考生直接回答"广岛"就可以了。但现在的出题思路采用"迂回战术"，需要考生从奥巴马获得诺贝尔和平奖的理由出发，并最终抵达答案的终点"广岛"。

有些甚至是完全开放性的试题，如下面这道题：

教皇弗朗西斯科认为当今世界需要的不是墙，而是桥梁。你认为桥梁是什么呢？

对于这道题，考生肯定不能回答"桥梁就是用于过河的一种工具"。作为示范性的回答，考生必须就柏林墙和"令人叹息的墙"等隔断世界的墙进行论述，在此基础上，再推导出"桥梁是协作与和平的象征"这一结论。要解答这个题目，就少不了关于"冷战"、宗教战争以及隔断世界的问题等知识点。

乍一看感觉很有难度的一个题目，但只要将它分解成一个个的要素，就一定能解开。孩子的学习与商业领域发生的纠纷一样，只要分解出问题的原因，就能加以解决。我们并不是要考生去做一些投机取巧的脑部工作，而是要让其学会怎么储备基础性的知识并用此分解问题。

原则 3：要掌握基础，则必须"温故而知新"

每门学科必有应牢记的"九九乘法表"

●学习指导员偷偷关注的秘密指标有哪些？
—— "偏差值的增长≠学习能力的提高"

家长衡量孩子学习能力是否提高的指标里，有一项是"偏差值"[①]。在小升初的模拟考试中，小学生也能收获颇高的偏差值。

然而，在类似考试中大多是凭公立小学所学内容无法解开的题目，最初孩子们往往会得到很低的偏差值。

当家长看到 29、30 这种超低的数值时，一定是备受打击："我家孩子真是个超级大傻蛋。"

此外，若这个偏差值没有上涨，家长就会做出错误的判断。他们会认为"这孩子现在的学习根本没有效果""这个辅

---

① 偏差值：日本人对于学生智能、学力的一项计算公式值。偏差值=[（个人成绩 - 平均成绩）÷ 标准差]×10+50。

导机构不适合这孩子"。

然而，偏差值上涨与孩子的学习能力提高，这二者本来就不能画等号。因为偏差值是一个相对的数值。尽管自家孩子学习能力大涨，但若周围的同学也都很努力，那么孩子的能力提高就很难在偏差值上有所表现，这是很常见的事。相反地，如果孩子参加了整体考生水平较低的模拟考试，那么就会收获较高的偏差值。因此，"提高偏差值"并无太大的意义，更重要的是提高学习能力。有很多孩子虽然偏差值没有上涨，但学习能力却提高了。

由于偏差值和成绩并不是孩子个人学习能力的绝对性指标，所以它们有时会扶摇直上，而有时却会停滞不前。在某种意义上，偏差值着实可疑。

但是，学习能力有努力就有差别。因此，我相信的是学习能力，而不是偏差值。我衡量的指标是孩子"是否掌握了之前所学的内容""上周所学的内容，这周他会应用了吗"。

上周记住的内容，这周予以掌握；而这周记住的内容，下周予以掌握。就这样，一步步脚踏实地地实现阶段性的提高，那么孩子就有望考上理想的学校。

如此一步步脚踏实地所收获的知识，孩子不会轻易忘记，并且会不断积累下去。请各位家长不要因一个具有相对性的偏差值而让心情起起落落，而要去思考如何提高孩子的"绝对性学习能力"。

●每门学科都有诸如算术"九九乘法表"的基本功
——国语、理科、社会不打好基础，则无法提高成绩

在 VAMOS，首先我会让孩子们彻底理解基础的重要性，然后再让其一步步脚踏实地地逐步提高水平。由此，孩子们能掌握底子厚实的学习能力。

家长总是迫切地向辅导机构寻求"能够快速提高孩子成绩的魔法技巧"。但是，这种技巧并不存在。若真想提高成绩，则绝对不能绕过基础学习。忽视基础，则学习成绩不可能提高。

在解答算术题时，有一个绝对必要的基础，那就是"九九乘法表"。若考生不能瞬间反应"8×9"等于"72"，那么不管什么样的题目，他们都不可能在规定时间内解答出来。

而其他学科也存在类似于"九九乘法表"的必须掌握的基本功。

例如，在社会学科中，要求必须记住所有的都、道、府、县及县厅所在地的汉字写法。

在我孩童时代，小学要求学生都掌握这些。但现在，就算是中学教育也只把学习重点放在孩子们所居住的地区。因此，当孩子长大后，很多人都写不出自己从小长大的地区以外的都、道、府、县和县厅所在地。但如果要参加小升初考试，这些则是必须掌握的基础。

同样地，理科和国语中也存在这种基础。

●在符合孩子水平的"现阶段水平"处，让孩子反复练习

——不骄不躁，葆有自己的学习节奏很重要

要掌握基本功则少不了反复练习。

以棒球为例，最初是反复练习投接球和空抢，接下来是反复练习打球和击球。家长要让孩子逐步提高所学内容的水平，就必须掌握扎实的基础。

同样地，在 VAMOS，我们也在根据孩子的水平，让其对基础知识进行反复学习。此时，水平阶段得到仔细分解后，孩子就会很清楚自己的"现阶段水平"，即"自己应该从哪个部分开始加强反复练习"。

下一页展示的是 VAMOS 正在应用的"计算 64 步"。

对于无法快速解答出"23×7""47×6"这类两位数乘一位数的乘法题目的孩子，如果让他们做两位数乘两位数的题目，那花费的时间就更长了。当然，答题正确率也不高。

此时，如果家长给孩子施加压力说"你们都学到两位数乘两位数了，可以开始做题了"，然后就逼着孩子做题，这并非良策。总而言之，要先让孩子彻底反复练习两位数乘一位数的乘法运算，等其掌握后再进入下一步的学习，这样才能提高孩子的学习能力。

男孩子争强好胜，家长在孩子反复学习的过程中鼓励他"这个题目，你比 ××× 解答得更快""你做对的题目比××× 多"，可以提高他的积极性。

图表3 | 把握孩子的现阶段水平的"计算64步"

步骤	内容	步骤	内容
1	加法（5以内）	33	分数的加／减法（分母相同）
2	加法（6—9）	34	分数的加／减法（通分，使两边分母相同）
3	加法（20以内的两位数＋一位数）	35	分数的加／减法（用最小公倍数通分）
4	减法（一位数－一位数）	36	分数的减法（需要倒数的计算）
5	减法（20以内的两位数－一位数）	37	分数的乘法
6	加法 [两位数＋两位数（进位）]	38	分数的除法
7	加法（三位数＋不超过两位的数字）	39	小数、分数的变换
8	加法（三位数＋三位数）	40	小数和分数的混合计算 分数的计算总体核对
9	减法（两位数－两位数）	41	整数的四则运算
10	减法（三位数－不超过三位的数字） 加法、减法总体核对	42	小数的四则运算
11	乘法（1—5）	43	分数的四则运算
12	乘法（6—9）	44	带括号的整数的四则运算
13	乘法（两位数×一位数）	45	带括号的小数的四则运算
14	乘法（三位数×一位数）	46	带括号的分数的四则运算
15	乘法（两位数×两位数）	47	整数、小数、分数的四则运算
16	乘法（三位数×两位数）	48	带括号的整数、小数、分数的四则运算
17	除法（两位数÷一位数，没有余数）	49	计算的方法（计算的顺序）
18	除法（两位数÷一位数，有余数）	50	计算的方法（分配、结合法则的利用）
19	除法（两位数÷两位数）	51	计算的方法（部分分数分解） 综合计算练习
20	除法（三位数÷两位数） 乘法、除法总体核对	52	倒算（仅加／减法，仅两项）
21	所谓的小数是什么？	53	倒算（仅加／减法，三项以上）
22	小数的加法	54	倒算（仅乘／除法，仅两项）
23	小数的减法	55	倒算（仅乘／除法，三项以上）
24	小数的乘法（整数×小数）	56	倒算（四则混合）
25	小数的乘法（小数×小数）	57	倒算（包括括号）
26	小数的除法（小数÷整数）	58	倒算（小数，仅两项）
27	小数的除法（小数÷整数，没有余数）	59	倒算（小数，三项以上）
28	小数的除法（小数÷整数，有余数）	60	倒算（小数，包括括号）
29	小数的除法（小数÷小数，没有余数）	61	倒算（分数，仅两项）
30	小数的除法（小数÷小数，有余数） 小数的计算总体核对	62	倒算（分数，三项以上）
31	假分数、带分数的变换	63	倒算（分数，包括括号）
32	约分	64	倒算（整数、小数、分数混合） 倒算综合练习

●背不下来的原因是没用对方法
——一起寻找最适合孩子的"背诵方式"

要掌握基础，只能进行反复学习，而由此获得的提高率是因人而异的。同样是每天花 2 个小时学习，有的孩子成绩突飞猛进，而有的却不见起色。

认定这是"与生俱来的能力的差距"未免为时过早。多数情况下，孩子成绩不尽如人意，问题出在训练方法上。

以背诵方法为例，基础学习必不可少的背诵方法不止一个，有"听""说""读""写""看"的方式可供选择。"看"的话，不仅限于教科书或参考书，也可以使用智能手机的应用程序。而"听"和"说"则是家长一起参与学习时的好方法。

要说哪种方法最好？这因人而异。观察学生们实际的学习情况会发现，有靠书写来记忆的孩子，也有靠说出口来记忆的孩子，也有认真盯着文字来记忆的孩子，因此不能一概而论地判断"这个方法比较好"。寻找最适合孩子的记忆方法的最好方式是，让孩子去尝试和犯错。

当然，对于背诵方法，也无须吊死在一棵树上。就算是喜欢"写"的孩子，根据当天的心情，也可以适当地增加"读"，或夹杂"听"的方式，只要孩子能够高效地记忆就行。对于容易厌倦的孩子和专注力差的孩子，家长还需要在变换学习模式上下功夫。

此时，重要的是尊重孩子的自主性。请家长们尽可能地为孩子创造一个愉悦的学习环境。

原则4：涨分的关键在于"常规化"

男孩子的"干劲开关"根本无处可寻

●细致地将每天的学习任务常规化
——成绩好的孩子的共同点就是"不为心情所左右"

成绩好的男孩子，其自我管理能力肯定很强。因为这是与"是否认真学习"直接挂钩的一种能力。

总之，男孩子容易在当下的心情的驱动下开展行动。若他因为某种原因而学习热情高涨，那么就会专心投入学习中，这会令家长都感到诧异；而若他兴致不高，则会偷懒懈怠。如果他和朋友打棒球并沉迷其中，则学习什么的都会被抛诸脑后。这种倾向在小学阶段的男孩子中尤为明显。

但是，当必须阶段性地切实提高孩子的学习能力时，就不能像这样听之任之。对于男孩子，如何让他"趁热打铁并按照规则"来学习是很重要的课题。为此，必须让孩子走"终极的常规化"路线。

学习的时间段自不必说，从上床睡觉的时间到吃饭的时间，都确定好，并让孩子养成习惯。

以 VAMOS 的学生为例，下午 5 点的课程开始后，我会让他们先做 10 分钟左右的计算题。前面都是一些简单的题目，随着他们渐渐切换到集中精力模式，题目的难度会逐步提高。这已经是雷打不动的"老规矩"了，学生每天都是这么过来的。

在家里学习时也制订同样的日常任务表，那么孩子就能养成不为心情所左右的学习习惯。首先，由家长帮忙制订，而后孩子慢慢就能自我管理。

●务必让孩子遵守确定好的日常任务表
——男孩子会寻找不做的"借口"

学习的常规化就是在任何情况下都不能违背学习计划。在确定好的学习时间段，不管发生什么事情，都要让孩子学习。

我对男孩子只求结果，最终"学了什么，学了多少"才是关键，而对于学习环境，我不允许他们找借口。

尤其是男孩子，当他们不想学习的时候，就会马上搬出环境影响论那一套说辞："桌子太脏了。""妈妈在打扫，我无法静下心来。""弟弟太吵了。""这铅笔还没削呢。""灯泡坏了，太暗了。"他们的理由千奇百怪。如果听之任之，那么能够学习的场所将不复存在。

对于男孩子，一旦确定了常规化的日常任务表，就一定要遵守。如果没有桌子，就算在地板上也要让他学习。不管是在电车里，还是家里来客人了，抑或是他肚子疼跑进卫生间里了，都要让他就地学习。

"学习计划逼得那么紧，孩子会不会太累了？"家长关心孩子、担心孩子的心情我能理解，但是小学阶段的男孩子的日常任务表，如果不做到这个份儿上，就会立马以失败告终。

●男孩子就没有"干劲开关"这玩意儿
——只要加以"习惯化"，也就无所谓干劲了

"家长不在旁边监督，孩子就不能自己提起干劲学习吗？"这是男孩子的家长，尤其是女性家长都有的一个疑问。

做母亲的都在拼命寻找自家孩子的"干劲开关"，但一无所获。为什么就是找不到呢？因为这种东西是不存在的。

有时，在很罕见的概率下，会有那么寥寥可数的几个男孩子具有这个干劲开关。一般情况下，在自家孩子的身上寻找这个开关，只是在浪费时间。

即便在 VAMOS，具有这个干劲开关的男孩子也基本不存在。但是，没有这个干劲开关的孩子也都顺利考上了理想的中学。现实中，有很多家长给我捎来微妙的安心感言："我家孩子虽然还是没提起干劲，但最后考上了。"

而这要归功于把学习常规化，把学习变成生活的一部分的习惯。睡觉要换睡衣，早上起床后要洗脸，饭后要刷牙，这些最初都是家长必须一件件跟孩子唠叨、叮嘱的事情。但是，在家长的督促下，孩子自己养成了习惯。如果和刷牙一样，把"几点就要开始学习"这件事情养成习惯，那么孩子就能轻松地投入其中。如此一来，就无所谓有没有干劲了。

大家有没有想起工作中的场景？

你和你的下属有干劲开关这种东西吗？

早上起床，洗漱整理好行头后，前往公司，检查邮箱，然后去拜访客户。这是一种习惯，和干劲开关是否启动无关吧？不过，你们照样能从客户那儿拿到订单，这不挺好吗？

如果把干劲的程度视作问题，那么就会陷入干劲和毅力等意志至上论中。但是，和工作一个道理，结果才是王道。

原则 5：活用男孩子的"脑力偏差"

对自尊心爆棚的战士而言，不均衡才是武器

●男孩子的脑部发育不均衡

——比起不擅长的学科，应该提高他喜欢的理科和算术的成绩

如上所述，右脑掌管的是空间能力，而左脑掌管的是语

言能力。女孩子的左右脑发育得较为均衡，而男孩子右脑较为发达，左脑发育迟缓。

右脑发育与一种叫作睾丸激素的荷尔蒙有关，男孩子体内含有较多这种荷尔蒙，因此右脑较为发达。受此影响，多数男孩子喜欢算术和填字游戏类的谜题，而国语则是一塌糊涂。因此，在小升初考试中，男孩子国语成绩不理想，这很正常，重要的是不断提高他喜欢的算术和理科的成绩。强迫小学阶段的男孩子做自己不喜欢做的事情，并非良策。

但是，现在不管是哪所中学，入学考试的文章篇幅都有变长的倾向，那么这就要求考生具备相应的阅读理解能力。

在西欧，据说退学的孩子有近九成是男孩子，他们退学不是因为在学校被霸凌，而是因为跟不上课程进度。男孩子行走在极端边缘。这可能是因为与女孩子相比，他们的脑部发育不够均衡吧。

此外，男孩子脑部中连接右脑和左脑的脑梁比女孩子细，因此左右脑的连接不那么顺畅，这也是男孩子脑部的一种特征。由此，与能够同时处理各种事情的女孩子相比，男孩子只能一心一意地专注于一件事情。

最好不要一次对男孩子期待过多。

● 克服偏科是家长的一厢情愿

—— 要注意男孩子的"假装懂了"

就算是大人，也有擅长和不擅长的事情，而孩子，尤其是男孩子，在这方面表现得比大人更明显，对于不擅长的事物的吸收力极其低。如果强迫男孩子做自己不擅长的事情，那么他们就会陷入一种"虽然努力了，但收获甚少"的窘况。

作为家长，如果孩子存在偏科的情况，希望他早日克服，这乃人之常情。于是，对于孩子不擅长的学科，家长就会积极地干预，"首先，从捡起这块内容开始吧""爸爸来教你"。

但是，如果这样对待男孩子的话，很大的可能会以家长的一厢情愿告终。女孩子碰到不懂的事情会说"我不懂"，而男孩子明明不懂却会假装听懂了并附和"嗯嗯"，他们脑子里其实在想着别的事情呢。

在 VAMOS，我抱着尝试的心态向孩子们说明东大的数学题，结果老实说"这是什么，完全听不懂"的是女孩子，而男孩子则一脸平静地回应"哦，懂了"。

对于这样的男孩子，"孜孜不倦地教他所不擅长的事情"，无论对家长还是对孩子而言，都是毫无成果的工作。

●男孩子喜欢在竞争中占优势

——让孩子通过尝试&犯错来学习

从对出生后不久的婴儿的调查研究中可以发现：男孩子和女孩子在"用眼睛追寻对象"这一点上存在差异。

女孩子对"人"感兴趣，而男孩子则会把目光投向"物"。

我想这或许与我们远古的祖先的生活方式有一定的关联。迎来文明社会前的人类靠狩猎和采集生活。男人们外出狩猎时，女人们则采集树木的果实，同时她们还担负着一边抚育孩子一边守护村落的责任。

女孩子生来就对人感兴趣，这大概是因为守护村落就必须与他人进行交流吧。而男孩子生来就喜欢物体。此外，为了得到某个物体，他们就想比别人占据优势。同时，他们不像女孩子那样重视人与人之间的和谐，而是希望什么事情都由自己一个人决定。这是绝大多数男孩子的一个共同特征。

男孩子喜欢在竞争中占据优势，因此就算自己一个人确定的战略方案出错、失败了，他也不会气馁。因此，请各位家长适当地让孩子自己做主去做一些事情。

必须让孩子自身意识到"那个战略方案有问题"。家长可以让孩子积极地去尝试、犯错。

不过，不可以让孩子制订不合理的学习计划，而浪费考试前有限的一段时间。让孩子制订学习计划的前提是家长要跟进应试学习计划中必要的部分。

●不必奢求男孩子收拾、整理
——他们脑子里一团糨糊，随身物品脏兮兮的也就不奇怪了

我平常会不露声色地关注 VAMOS 的孩子们的随身物品，不过都是以女孩子为观察对象。现实中，有很多女孩子因为拥有太多漂亮的卡通文具，而无法集中精力学习。另一方面，我不会去仔细检查男孩子的随身物品，因为没有必要，一切毫无悬念。

男孩子的家长们可以先放下手里的这本书，去看看孩子的书包，看完后应该都会发出声声叹息。

男孩子的书包里面乱七八糟的。和书包里一样，他们的脑袋里也是一团糨糊，对于该准备做什么、怎么做，他们毫无头绪。因此，他们的书包里塞满了很多不必要的东西。再把那些东西拿拿放放，书包里自然是惨不忍睹，一片狼藉。

如果孩子能够整理好自己的随身物品，那就说明他们脑子里可以做好取舍，在学习上也能领先其他人一两步。

但是，这样的男孩子凤毛麟角，因此各位家长不必感叹自家孩子的"杂乱无章"。更何况，很多东大教授的办公桌上也是杂乱无章、一片狼藉。因此，各位家长不要训斥孩子，要求他整理随身物品，只需抱着一种期待：有一天他自己能够做好整理工作，成绩也会更上一层楼。

第3章

受益一生的『思考力』养成法

可自主连接点与点的13个诀窍

"思考力"不仅在学习中有用，在步入社会后也有用处。

　　不过，要靠自己的头脑思考，零储备是不现实的。知识、词汇、经验、阅读理解能力等思考素材是必不可少的。那么，要掌握这些素材，什么样的学习法才是有效的呢？

1. 思考力与"知识储备量"成正比

所谓"思考力"就是将一个个知识点进行有机连接的能力

在 VAMOS，我们会彻底开展对基础性知识的反复学习。但另一方面，在小升初考试中，空有基础性的学习能力是没有用武之地的，有很多题目要求考生通过"思考"解题。为此，有些家长不禁担心："你们只是一个劲儿地强调基础，如果不让孩子掌握一些思考力，那……"

但是，如之前所述，思考力是基于基础性知识的储备而产生的一种能力。连文字都看不懂的孩子，自然是读不懂晦涩的书籍，也写不出优秀的论文的。没有储备好基础性知识的孩子是无法磨炼出"思考力"的。

在职场中，"思考力非常重要"这句话人们怕是听得耳朵都要生老茧了。

但是，这个说法其实有些莫名其妙。究竟大家是以何为标准判断所谓的"思考力"呢？

做了一个完美的展示，拿到客户的订单，这是因为思考力在发挥作用吗？我想圆满完成展示的原因是员工储备了一些基础性的职场技能，比如分析各行各业的数据，制作简明易懂的资料，解读市场的需求，使用能打动客户的恰当措辞。

至少，"思考力"并不是凭空出现的，人们只有在综合了一系列基础性的职场技能的基础上，才能进行准确思考。

对于孩子们而言，如果基础性知识属于"已知"范畴，那么思考力涉及的就是"未知"。就算孩子记住了参考书的大量内容，增加了已知的量，但也无法马上理解未知的事情。例如，未曾见过的图表出现在考试中，考生会很焦虑："这是什么？这些知识我完全不懂啊。"

但是，只要将迄今为止所学的已知要素进行组合，就能理解那个图表的意思。

即使是迄今为止从未解答过的未知领域的题目，也能通过从已知的知识中抽取一部分加以使用来得到答案。

而另一方面，如果基础性知识的储备量不够，那么无论怎么努力都解不开那个题目。

所谓思考力，换言之就是"将一个个知识点进行有机连接的能力"。此时，若一心只想延长加粗所连的"线"，则会收效甚微。我们应该优先增加知识的"点"，因为如果点多了，那么线也就有了不断连接延伸的可能。

2. 比起文字，孩子一般通过"会话"获得知识

漫画和动漫都有助提高思考力

思考力所依赖的知识不一定都要从参考书等所谓的"学习教材"中获得。书籍不用多说，漫画、动画和电影也大有益处。通过接触这些素材，尽可能增加多样化、范围广的知识，可以提高孩子的思考力。

因此，请家长不要斥责孩子"竟然有时间看那种东西，还是给我好好学习吧"，让孩子腾出时间消遣一下吧。

要拓宽孩子的知识面，那么家庭的会话也很重要。孩子在和父母会话的过程中，无论是政治、经济的素材，还是社会上发生的事件甚至包括绯闻，都会极大地扩充他的知识储备量。小学阶段的孩子还不擅长阅读文字，而"聊天"可以开启其知识的开关，尤其是男孩子，当父亲跟他说起工作和兴趣的话题时，他那"还想知道更多"的求知欲会被点燃。

3. "背诵窍门"会助长思考力

"高效的记忆方法"可以磨炼思考力

对于擅长背诵的孩子，要尽量避免让他背诵。这句话可能有

些自相矛盾，因为我认为"要极力地减少记忆量，从而提高效率"。

假设孩子们有 100 个项目需要记忆，那么并不是说要让他们完完整整地去背诵这 100 个项目，而要让他们各自赋予其意义再自行记忆。例如，在记忆"创建镰仓幕府的是源赖朝"这个知识点时，要联想到从这个知识点衍生出来的其他将军的名字及其与天皇家的联系、发生过的事件等，要带着关联性去记忆。又或者，在记忆生字时，要在思考其意思的同时进行记忆。如，"泳"字是因为和水有关，所以偏旁是三点水；"炒"字是因为要用火，所以才有"火"字旁。这样的窍门直接关系到思考力。

以前，VAMOS 的孩子们在讨论汉字的时候，聊到"为什么漫画的'漫'偏旁是三点水"的问题。有个孩子就说道："是不是因为看漫画的时候大笑然后唾沫横飞呢？"

不管事实是否如此，通过这番对话，在场的孩子们肯定都牢牢地记住了"漫画的'漫'偏旁是三点水"吧。

所谓思考力，就是这样的东西。没必要愁眉苦脸、哼哼唧唧，并且事事钻牛角尖。

4. 总之，男孩子需要"量"

男孩子容易厌倦，在"基础学习"方面没有耐心

与认真投入学习的女孩子不同，男孩子就是容易厌倦，

因此在储备养成思考力所需的基础性知识的学习上，也是三分钟热度。例如，本来他想要记忆 10 个知识点，但只记 3 个左右就会失去耐心。

对于这样的男孩子，就得给他安排"量"，将记忆 10 个知识点的学习分 3~4 次进行。男孩子要以这种方式开展学习。在记忆生字时，母亲可能觉得孩子写个 10 遍就记住了，但对于男孩子，请让他写上 30 遍。

虽说是简单的学习工作，但在一遍一遍重复书写的过程中，孩子可能会发现"原来'泳'字是因为和水有关，所以偏旁才是三点水"。思考力的养成正是要靠类似这样的积累。

5. 学习能力存在各门学科的联动性

英语成绩可靠"国语能力"来提升

现在的小学教育把英语作为"外语活动"而非正式的学科，而英语到中学阶段才会成为正式学科。

而在国际化的时代，家长十分关心孩子的英语能力，如果孩子的英语成绩不好，他们就会惴惴不安地觉得"我家孩子是不是英语能力太差了"。

确实如此，英语成绩不太令人满意正是因为欠缺英语能力，而做不来长篇阅读理解题就是因为国语能力有待加强。

其实，在英语的长篇阅读理解中做出匪夷所思的解答的中学生，在试题全部被翻译成国语后，其解答也一样令人费解。也就是说，他们连国语的含义都没有真正理解。让这些中学生加强国语的学习后，与之联动的英语学科的成绩随之提高的例子不胜枚举。对于小学生来说也一样，各门学科之间都具有联动性。仔细观察那些做不好理科题目的孩子后会发现，他们在吐槽理科时，其实连算术的基础知识都没搞懂。

由此可见，对于孩子不擅长的学科，不能仅从该学科本身找问题，还必须研究与其他学科之间的联动性。

6. 阅读理解能力也能靠"听"来提升

学习能力会因"问题的解读方式"而拉开大的差距

我们那个时代的男孩子都特别喜欢《少年 JUMP》之类的连载漫画杂志，想必各位家长读者们也是吧。接着，长大后的男孩就沉迷在推理小说的世界里。

不过，现在的孩子属于动画的一代，他们甚至连阅读漫画上的文字都觉得麻烦。有小学老师就曾指出：与做父母的那一代人的孩童时代相比，当今孩子的国语能力明显下降了。

然而，由于孩子在日常生活中的会话都没有太大问题，因此家长很难察觉到孩子的致命弱点——国语能力不足。

并且，部分男孩子的家长认为"孩子理科强的话，国语差不多就行了"，他们不关心孩子的国语能力，这是个大问题。

当然，我之前也提到过，强迫孩子克服自己不擅长的学科，这会给孩子造成压力，对此我是反对的。但是，请各位不要忘记：不管是理科，还是算术，"所有试题的语言都是国语"。

事实上，有很多孩子落于人后是因为他们在理解题目时花太多时间。这个题目到底考察的什么？他们对题目本身的意图一头雾水。

在下一页的内容中，我会向大家介绍涩谷教育学园涩谷中学的理科真题。不管理科有多强，不具备一定的国语能力，是无法读懂题目并解出答案的。只有提高阅读国语文章的能力，才能提高国语以外的学科的成绩，这点毋庸置疑。

那么，对于没有国语阅读理解能力的孩子，要如何让他掌握这种能力呢？与给完全理解不了英文的人看英文报纸，他只能放弃是一个道理，突然让孩子阅读篇幅很长的文章，只会收效甚微。首先，家长要让孩子切实地阅读并理解一些短句，然后不断积累这种学习经验。

而此时重要的是家庭的会话。对于不擅长用眼睛阅读并理解文字的孩子而言，家长要不断地给他们的耳朵输入一些单词，并适当地进行说明。

阅读以下文章并回答后面的问题

海龟是栖息于海里的一种大型乌龟，全世界共有 7 个种类。其中，在日本的近海，经常可以观察到蠵龟和绿甲海龟这两个种类。在水族馆和潜水运动中颇受欢迎的海龟，几乎都面临着灭绝的危机。为了保护濒临灭绝的生物，则必须弄清该生物的生态信息。比如说，它栖息在什么样的场所？以什么食物为生？寿命多长？从几岁开始进入繁殖期？死亡的原因会是什么？通过加深对海龟这种生物的理解，我们可以对其采取适当的保护措施。

海龟的生态信息可以通过对捕鱼时被误捕的海龟，或者漂浮在海岸边的海龟的尸体等展开调查而取得。其中，为了产卵而上岸的海龟也是十分宝贵的情报来源。为了产卵，海龟会在夜里上岸，在沙滩上挖一个被称为"产卵巢"的洞穴，然后在里面产卵。海龟会在 1 个小时左右的时间内一次性产下 100 颗左右的卵。产卵中的海龟不会乱跑，因此可以测定其甲壳的长度，确认其所产下的卵的数量。海龟产卵后，会把洞穴埋起来，然后回到海里。

海龟的卵会在 2 个月左右孵化，变成小海龟。小海龟到了夜里，就会从产卵巢里逃脱出来，出现在海滩上。从产卵巢逃脱出来的小海龟进入被称为"Frenzy"的兴奋期后，会剧烈地舞动四肢，从海滩爬向海里，然后从沿岸地带游到海上。这个兴奋期会持续大约 1 天的时间。托这个兴奋期"Frenzy"的福，小海龟才能够尽快从栖息着众多鱼类和海鸟等捕食者的沿岸地带逃脱。

对于海龟来说，日本是它们在北太平洋地带的重要产卵地。尤其是蠵龟，据称这个种类的海龟的产卵范围十分广泛，遍布从千叶县到冲绳县的太平洋沿岸地区。在这些地区，以当地居民为主的人士积极开展着保护海龟的活动，其中一个典型的例子就是"放生海龟"的活动。这个活动的流程就是：人类先将海龟的卵回收，并进行人工孵化，等小海龟长到一定大小后，再让它随着波浪返回海里。此举虽然可以平安地让海龟从卵长成小海龟，但也被诟病存在很大的问题。

问题 1：对生物进行同类划分时，请用符号从以下的 A~E 中选择一个与海龟最为相似的生物。

A 黑斑蛙　B 红腹蝾螈　C 鲵　D 高鳍蛇鳗　E 多疣壁虎

问题 2：刚孵化的小海龟当温度较高时就会反应迟钝。这对于小海龟来说，有什么好处呢？请用符号从以下的 A~D 中选择一个适当的答案。

A 可以提前适应寒冷的海洋里的生活
B 在不利于生存的夏天，不会进行孵化
C 在捕食者较多的白天，不会前往沙滩
D 产卵巢中的温度不会再上升

问题 3：海龟在产卵的时点仍处于雄雌未分的状态。海龟是雄是雌，取决于产卵巢里的温度。

（1）图1所示的是产卵巢里的温度及从该产卵巢孵出的小海龟中的雄性小海龟的比例。以图1为基础思考，高于多少摄氏度，海龟的性别就会变成雌性呢？请回答出这个温度。

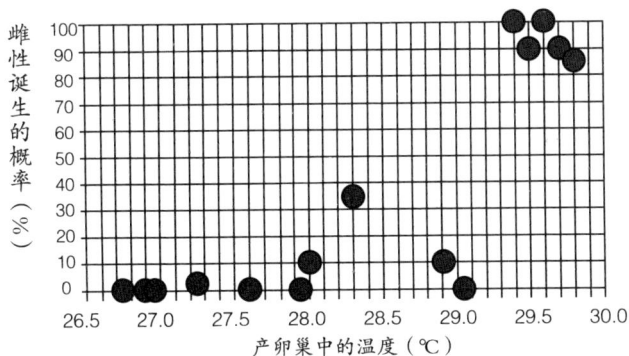

图1 产卵巢中的温度与雌性诞生的概率

※ 基于 Maxwell et al.（1998）制作而成

（2）冲绳的海滩是由珊瑚尸体碾碎而成的珊瑚沙所形成的。因此，孵化的小海龟，在冲绳的海滩上雄性居多，而在本州的海滩上则雌性居多。为什么在由珊瑚沙形成的冲绳的海滩上会诞生更多的雄性小海龟呢？请回答其原因。

问题4：逃脱到海里的小海龟会顺着海流移动。这个时候，小海龟与 "Frenzy" 的状态正好相反，它们四肢几乎无法动弹。这对小海龟而言，有什么好处呢？请从 A~D 中选择一个适当的答案。

A 不容易被捕食者发现
B 发现食物的可能性变大
C 可以始终保持较高的体温
D 可以精确地抵达目的地

问题5：如文中下划线部分，将小海龟养育到一定程度后再放生，将会让小海龟面临什么危险呢？请仔细阅读文章后作答。

2017 年涩谷教育学园涩谷中学
（我编辑了部分试题，以供本书的说明用途）

同时，通过逐步增加单词的种类，提高单词的难度，孩子的词汇量自然会有所增加。

如此一来，用耳朵听"懂"的单词，用眼睛看也容易理解，最终他就能慢慢理解一篇文章。

家长"读给孩子听"的方法，也颇有效果。所读的书籍不一定是绘本，只要是孩子感兴趣的书即可，请家长们给孩子读一读他们感兴趣的读物吧。此时，家长要用手指指出自己正在朗读的部分，通过这种方式，孩子所听到的"声音"和所看到的"文字"就联系在了一起。

7."读书习惯"是思考力的基石

不要设太高的难度，给孩子读些他"想读的书"

与电视和动画这种信息的画面感很强的工具不同，书籍要求读者具备自行解读的能力。以"雨淅淅沥沥地下着"这个句子为例，由于没有提供画面，因此读者只能自行想象下雨时的具体情境。

读书是适合培养孩子的思考力的一种方式，然而现在的孩子都与铅字不甚亲密。如果想让孩子养成读书的习惯，最好让他们读一些自己感兴趣的读物。

若丢给孩子一本诸如《法布尔昆虫记》之类的古典读物，

对虫子不感兴趣的孩子甚至都不会去翻开看。对于这样的孩子，只会给他留下一种不好的印象——书就算翻开看了，也是无趣的内容。首先，请家长们以"消除孩子对铅字的抵抗"为目标，优先给孩子选择他们想读的读物。

8. "经验量"与思考力成正比

思考之源泉不在于想象力，而在于"知识"与"经验"

所谓思考力，究竟是什么呢？

如果说思考力是一种想象能力，听起来倒是很酷。但我认为思考力是接近于从各种各样的选项中选出正确答案的一种能力。

脑袋里凭空就会跳出一个新的创意，就算对我们大人来说，都是痴人说梦。几乎所有的创意都不过是将过去所学的某个知识点与某个知识点进行有效连接的结果。又或者，是凭着一些经验而得到的结果，"A 不行，那么肯定是 B 或 C 了""B 也不行，那可能是 C 了"。像这样，对过去的经验进行连接并做出取舍的选择，才是思考力。

也就是说，经验的积累是思考力的母体。

烹制出美味佳肴的厨师，不仅在使用材料和调味料方面有着丰富经验，还积累了品尝美食方面的经验。

因此，家长平常在家就要让孩子积累各种各样的经验，这很重要。

像旅行这种大动干戈的活动没有必要，可以进行打羽毛球、做传接球之类的游戏，也可以让孩子帮忙做一些诸如洗车、清洗卫生间、晾衣服之类的家务事。通过这些事情，孩子会记住平常没有机会接触的词句，而这些有利于构筑思考的基础。

同时，像饭后洗碗这样的活儿，孩子最开始可能不得要领，但是多洗几次，他自己就会明白，原来这么洗效率更高。日常生活中所积累的经验，在完全不同的状况中，也会成为助力思考的工具。

9. 切勿在过程中指出男孩子的错误

忍耐，直到孩子自己发现"我错啦"

仅从一道计算题中，就可以看出男孩子和女孩子解题过程的差异。

女孩子很讨厌用橡皮擦把讲义擦得破烂不堪。因此，她们会先在脑子里思考解题步骤，确定"差不多就是这个思路"后，才开始用铅笔作答。这样做卷面会很整洁。

而男孩子一开始就急于动笔，结果发现"啊，这儿错了""咦，那儿错了"，来回涂改好几次，在重复尝试和犯错的过程后，才写下正确答案。他们喜欢这种方式，这让在一旁看他们解题的我都忍不住想吐槽："能不能稍微思考一下再动手写？"但最后，我还是忍住了。

对于男孩子，不要在他犯错的阶段指出"那里错了"，而必须要在他本人发现"我错了"的时候，再指导他如何思考。

顺便说一句，这个"我错了"的地方要尽量保存下来。

如果是在算术题中做错了，那么不要把错误的算式擦掉，而要在其他空白处重新计算，这样就能很明显地看出是哪里出问题了。

同时，孩子在目睹自己从不会到会的过程中，也会培养自信心。就算做题过程中，讲师或者家长提出了意见，但是男孩子是一种"想靠自己的力量解决问题"的生物，因此最好把他成功解决问题的证据保存下来。

不管如何，男孩子就是不得要领，为了培养他们的思考力，就必须开展这么"俗气"的工作。

10. 通过测试锻炼"实践能力"

高效的输出需要"条件反射"般的反应

孩子的输出能力很差，这点超乎我们大人的想象。明明脑子里有一堆解题的素材，可无从下手。孩子这方面的实践能力比较薄弱。

孩子的大脑正是处于一种"便秘"状态。他们处于一种"知道脑子里有这么个东西，但却不知道放在哪里，无从下手"的窘况。

小升初考试要求考生在规定时间内高效地提取解题所需的知识点，而这就需要一种条件反射般的快速反应。让孩子平时就多参加模拟考试，反复进行将所输入的知识点进行输出的练习吧。

各位家长不要单纯因为孩子在模拟考试中的分数是否有所提高或喜或忧，而应该关注孩子是否在输出能力方面有所变化，是否积累了高效地提取必要的知识点的经验。

11. 让思考力与"处理能力"齐头并进

"时间管理"与"计划"的速度会产生差距

思考力的另一端就是"处理能力"。

在职场中，有善于出谋划策的人，也有行政工作干得很利索的人。

大人的话，具备思考力的人基本都具备很强的处理能力。根据情况，他们对这两种能力多是分开使用。在成人社会中，暂且不说哪一种能力的作用比较突出，反正这两种能力都是必要的。

体育界也一样，不管球员多么擅长足球战术，若无法准确处理传到自己跟前的球，那么其战术也派不上用场。

但是，现实中有些孩子难得具备了思考力，却因欠缺处理能力，导致无法取得理想的考试成绩，这种功败垂成的例子数不胜数。这些就是所谓的"只要去做倒是能成功"的孩子。这些孩子并不擅长"时间管理"和"计划"。当然，本来绝大部分的男孩子就对这方面茫然无措。

反过来说，如果让孩子掌握时间管理和计划类的处理能力，那么他就能领导他人。此外，处理能力易于后天培养，比起思考力，有机会公平地获得提升。

滩中学的入学考试分两天进行。第一天考察的是快速解开参考书里所列的问题的处理能力，第二天考察的则是思考力。最终，老师将根据这两种能力的总分确定是否合格。

而在其他一般性的小升初考试中，这两种要素混合得比较暧昧。不过，不管怎样，如果在规定时间内，无法完成弄清并处理必要的知识点的任务，那么就考不上。

因此，在因思考力而伤脑筋之前，让孩子掌握好处理能力，这很重要。大人可以追在孩子的屁股后面督促他，帮助他养成这种能力。

让孩子在模拟考试中积累经验，由家长规定时间，让孩子解答一些题目。而在时间分配和计划方面，家长可以发挥监督作用。

12. 让孩子自己思考并决定，给他后悔的权利

具备思考力，却无法"决断"是没有意义的

在思考时，最重要的过程就是"决断"。

在职场中，就算思来想去隐隐觉得"只能这样，别无他法了"，但若最终无法做出决断，那么思考至此的意义何在？

然而，在重视集体意志的日本社会，即便是大人，也很难做决断，对于孩子来说的话，就更难了。不过，虽说如此，却不能将这项重要的工作从孩子的手中夺走。

在小升初考试作答的过程中自不用多说，对于孩子们的将来，"提高决断速度"这件事情非常重要。此外，这种决断的能力必须积累一定的经验才能掌握。

例如，对于正在玩迷宫游戏的孩子，如果你对他说"你走错了，不是那边"，那么结果会如何？孩子就失去了选择路线，做出决断的机会。

就算是走错了方向，如果孩子决定要走那个方向，那么家长就必须去守护他。孩子摸索自己的路子是一种很珍贵的经历。且不谈他们自己走在路上一不留神掉河里而有性命之

忧的极端情况，若独自探索只是让他们多绕了些远路，多吃了些苦头，那么这绝对利大于弊。这都是积累重要经验的过程，尤其是对于"想自己做决定"的男孩子，家长不能过度干预其做决断。

然而，现实中有很多家长都会过度干预。

在家庭餐厅，我经常看到这样的场景：孩子明明说"想吃蛋包饭"，可家长却反对说"上周不是才吃过吗？点一些稍微不一样的呀""汉堡套餐的话也有很多蔬菜哦"。

而最过分的是，什么事情都由家长做主，"你瞧瞧，听妈妈的话没错吧"，而孩子只有点头附和的分儿。这样一来，孩子的"自我决断能力"就被扼杀在了摇篮里。

其实，现在越来越多的孩子把握不好排尿的时机，他们一直担心自己憋不住，然后老往厕所跑，有的孩子甚至会尿裤子。

这都是因为做母亲的给孩子下达了细致的指示——"差不多该上厕所了"。这让孩子误以为什么时候上厕所是由妈妈决定的，而不是自己。为此而闹出笑话的孩子多不胜举。

在一个家庭有5~6个孩子的时代，做母亲的忙得焦头烂额，哪里顾得上去管孩子上厕所的事情。因此，孩子们虽然会尿裤子，但他们也会吸取这个令人害臊的教训，慢慢地学会自己把握上厕所的时机。

但是，现如今，一个孩子后面跟着好几个大人。不仅有母亲，还有父亲、爷爷、奶奶，他们都会提醒孩子"差不多该上厕所了"，孩子便自然而然地丧失了自我决断的能力。

正是在这种时代背景下，家长必须有意识地对孩子采用"就不教你"的技巧。

13. 学习方式也让孩子自行决定

正好可以感受男孩子的"不得要领"

学习方式的决定权最后也交到孩子手上吧。

若对男孩子听之任之，那么他就会一味地埋头于自己喜欢的事情，因此在学习方式的选择上，需要家长的建议。

不过，这不是让家长完全主导，指挥孩子"你得这么干"，而是说要采用灵活的方法，准备一些选项，让孩子自己选择。

比如说，明天之前必须完成3份作业。

十分了解孩子的家长会在心里嘀咕："如果不先做他讨厌的国语作业，就不好办了。"

但是，请家长不要把这句话说出口，而是让孩子自行决定在作业要全部做完的情况下，他要先做哪一份。

孩子很可能说："先做我喜欢的算术题。"于是，轻松完成算术题后，他会觉得"小菜一碟"，然后玩玩手机，之后才开始着手做另外两份作业。果如所料，时间来不及了，孩子也开始着急了。

此时，家长就可以给孩子提意见："那么下次还是先做国语作业吧。"

男孩子受其脑部构造的影响，什么事情都想自己做决定。但因为他们做事不得要领，决定了的事情往往进展不顺利。但是，对于不得要领这个问题，只能通过不断尝试和犯错来解决。

而家长不要去阻止孩子尝试和犯错。如有必要，可以适当向孩子伸出援手，给予指导。

第4章

让男孩子的成绩突飞猛进的目标计划术

善于打动纯真心灵的13个技巧

与女孩子相比，男孩子不善于制订学习计划。他们无法把握全局，也不善于自我分析。但是，只要有那么一次，斗志被点燃，那么他们就会发挥超乎想象的能力。本章将介绍活用男孩子全力奋战于"眼前的事情"的这一特性，而制订发展计划的方法。

1. 男孩子具备超出计划的能力

过于细致的计划会扼杀男孩子的 "发展潜力"

观察学习好的孩子我们会发现：男孩子和女孩子制订计划的方式全然不同。女孩子会自行制订好计划，而男孩子却做不到。如果让他自己来，那么他会制订一个十分无厘头的计划。并且，男孩子比较死脑筋，会被那个无厘头的计划牵着鼻子走。

因此，不要要求男孩子搞制订计划这种大阵仗，让他大概确定月目标后，逐个完成眼前的任务，竭尽全力地过好每一天就行了。

如果制订过于细致的计划，有可能会扼杀男孩子的 "发展潜力"。

与女孩子大相径庭的男孩子，以 1~2 周为单位，甚至是以 1~2 天为单位，就可能获得很大的成长。男孩子有两面，极大程度地超出计划的自己和极大程度地落后于计划的自己。

对于这样的孩子而言，细致的计划并无意义。

但是，家长就会干这种事。在暑假等假期期间，家长会制订严苛的计划，命令孩子："照着这个计划做。"

确实，对男孩子如果听之任之，他就会一味地埋头做自己喜欢的事情。这就需要家长进行调节。但是，调节不意味着去束缚孩子，而应停留在每个月提醒孩子应该学习的内容，或者约定每天的学习时间这种程度，剩下的就让孩子自己把握吧。

下一页是 VAMOS 的课程内容示例。

女孩子的话，会按照这个课程表有计划地开展学习并做好当天的学习准备，而男孩子是到了那一天才不痛不痒地问一句："今天学什么来着？"但是，如果他们现场可以集中精力学习，就能跟上进度，这没问题。

看着毫无计划性而一脸茫然的男孩子，若家里还有个姐姐，那么家长可能会惶惶不安："明明姐姐就能按照计划搞好学习，可这孩子，真伤脑筋。"

但是，这其实也是男孩子磨炼那股后来居上的劲儿的过程中十分重要的尝试或犯错。家长们不要着急，可以拭目以待。

图表 5 | VAMOS 的课程内容示例

时间	计划	学科	内容	时间	计划	学科	内容
8:00	自习（预习/复习）	社会	地理（日本工业）	16:00	休息		
8:30		理科	生物（植物的构造）	16:30	授课	国语	阅读理解练习（随笔）
9:00	授课	算术	问答题（图形的面积和角度）	17:00			
9:30				17:30			
10:00				18:00			
10:30				18:30			
11:00			问答题（比例与比）	19:00			
11:30				19:30			
12:00	午饭休息			20:00			
12:30				20:30			
13:00	授课	理科	地理学（天休）	21:00	自习（预习/复习）	社会	历史（年代的记忆等）
13:30				21:30			
14:00				22:00		国语	汉字学习
14:30		社会	历史（近代社会）	22:30			
15:00				23:00			
15:30				23:30			

2. 为日程表装上缓冲器

出现任何情况，都能从容地跟进处理

孩子的学习计划不可过于严苛，这会让孩子没有喘息的机会。

现在的孩子们都十分忙碌，甚至连发呆的时间都没有。他们不仅要上补习班，还要学体育，学音乐，学各种新技能，一放学就得奔往各大培训机构。他们的日常繁忙程度比起商业人士，真是有过之而无不及。

如果在此基础上再塞入一个排得满满当当的应试学习计划，那么孩子真得夜以继日，日理万机了。

如果不给学习日程表装上一个缓冲器，那么一旦有意料外的情况发生，孩子们就会措手不及。

这和大人们的职场是一个道理。职场老手都会给自己留一些余地，"一旦有情况发生，才能从容处理"。而孩子同样需要这种从容的余地。

3. "谜之自信" 是最强武器

天真的目标是超越极限的引擎

小学阶段的男孩子尚年幼，无法从宏观上把握事物。换

言之，他们十分天真，对自身的可能性深信不疑。

比如说，男孩子从小就刻苦训练足球技能，梦想有一天能成为足球明星选手。然而，到了高中，他就会幡然醒悟——不管怎么努力，他终究无法成为下一个梅西或者罗纳尔多。而小学生却不会这么想。

学习上亦是如此，男孩子会在心里编织美梦："我要考进开成，然后再考进东大读理工，毕业后当个世界闻名的医生。"

这股"谜之自信"在惴惴不安的家长看来，或许是一种困扰。但是，换个角度想的话，这就是一种"无限的可能性"。而正是这股"谜之自信"，将成为助力男孩子提高学习成绩最重要的武器。

面对孩子的梦想，若家长泼冷水——"现在是说那种梦话的时候吗"，而把孩子拉回到现实，那么孩子潜在的可能性就会惨遭扼杀。

当然，孩子到了高中阶段会发现，"说什么要考上东大理科，简直是痴人说梦"。但是，在小学阶段，能够怀着"谜之自信"奋力奔跑的孩子，最终应该都能获得很大的成长，并考上理想的名校。

对于在小学阶段对自身的可能性怀有纯真自信的男孩子，家长切勿搬出在公司教育下属的那一套，对孩子冷言冷语："给我现实一点。"

4. 吊一根胡萝卜在他面前，让他全力奔跑

男孩子对于"可实现的目标"没有冲劲

最好不要让男孩子制订过于细致的计划，其原因之一在于"目标与现实的背离"。

VAMOS 的学生也是如此。那些怀有"谜之自信"的男孩子，远大的目标是信口就来。

"我要成为大富翁。"

"我要以毕业生代表的身份从东大毕业。"

"我要成为世界第一的外科医生。"

"我要成为足球运动员。"

"我要开发超级机器人。"

"我要成为万人迷。"

……

包括比这些更远大的抱负在内，孩子们一本正经地脱口而出的目标有 90% 以上的概率是无法实现的。也就是说，就算朝着那些无法实现的目标制订计划，也只是竹篮打水一场空。

而另一方面，就算给孩子一个一开始就可能实现的目标，男孩子也提不起冲劲。虽说还是个孩子，但也许他身上所谓"男人的浪漫细胞"已经觉醒。

如此一来，大人们对这个特性加以利用方为上策。

在大人看来十分荒诞不经的目标，因为男孩子的"谜之自信"，成就了他们的"一本正经"，并且贡献了大量的肾上腺素。而此时，给孩子适当安排学习计划，他的成绩自然会突飞猛进。

用一个不雅的比喻，就像是在兴奋的马儿跟前吊上一根胡萝卜一样。是始终让胡萝卜在它眼前晃着，还是强行夺走胡萝卜？当然，前者会让马儿奔腾得更有劲儿。

5. 描绘"趁热打铁的发展路线图"

男孩子对自己的短处视而不见，而对长处关注有加

"这题就是犯了个小失误。"

"就是时间不太够。"

……

对于在模拟考试中分数不理想的学科，男孩子一般会这么找借口。不，断定这是借口的不过是大人而已，孩子本人是真的这么认为。

他们对于拿了 80 分的学科会信心大增："我真是太厉害了。"而对于只拿到 40 分的学科，则会解释道："就是犯了个小失误，还有很大的涨分空间。"

与女孩子在意自己的劣势不同，男孩子关注的是让自己心情愉快的部分。男孩子这种值得赞美的心态将会给家长的指导工作带来极大的便利。

能否让男孩子在考试中取得理想的成绩，关键就在于能否制订"趁热打铁式的发展计划"。

男孩子一般都很重视自己的长处。他会在心里想："难得算术学得不错，要是因为国语而考砸了就太可惜了。"一旦戳到他的这个痛处，他就会奋发图强，在偏科上下苦功。

"××的算术果然很强啊。照这样的话，国语其实也能拿 70 分的。"家长可以像这样正面鼓舞他，激起他作为男孩子不服输的情绪。

另一方面，少数的男孩子一旦关注到自己的弱点，就会心有不甘并下定决心去克服。

"国语才 40 分啊。这个结果你能接受吗？"家长也可以用激将法刺激他，目的是一样的。

哪种方式更有效？这由于孩子的性格差异而无法定论，大概前者 8 成、后者 2 成的成功率吧。

那么，自己家的孩子究竟属于哪种性格呢？还请各位家长仔细观察。

6. 克服偏科的积极方法

让他以"擅长的思路"来解释不擅长的学科

男孩子和女孩子一样，每个人都有各自擅长和不擅长的领域。尤其是男孩子，大多偏科现象严重。

不过，他们的强项就在于他们了解"涨分的过程"。若把这个过程也套用到其他学科中，就能实现"擅长的学科更上一层楼，而不擅长的学科也蒸蒸日上"的目标。

例如，面对不擅长的国语，可使用算术的那一套逻辑方法，而不必非要带入情感去把握。

不要带着情绪去阅读长篇文章，而是将其划分成几个部分：到此为止是 A，那里到这里是 B，剩下的是 C；如此一来，不难看出 A 和 B 讲的是相反的事情，而 C 则是呼应 A 的，最终得出结论。就像这样，对待国语阅读题，尽可能地转换成算术的思维方式。

如此可缓解孩子的偏科意识。孩子应对国语的思维方式发生变化后，学习成绩也会渐渐有起色，这样的例子比比皆是。

对于"作者在这部分想要表达什么"之类的问题，要以解答逻辑谜题似的思维来应对。

这类问题实际上不会拘泥于一个标准答案，但出题人都是基于一定的模式来出题，因此国语也存在公式。

相反地，不擅长算术的孩子对公式的抵抗反应较强。因此，不要将算术题的解题过程过于逻辑化，而是要尽量使用富有感情的语言向孩子进行说明。

对于要如何分配花费在不擅长学科上的时间，这需要家长和孩子一起思考。不能单纯地将四门学科的学习时间均等分配。可以根据孩子的进步程度，考虑把 70% 的时间分给不擅长学科，给其余学科分别留出 10% 的时间。

不管怎样，孩子不是机器人。如果过分坚持大人考虑的理想分配，就会败不旋踵。总之，只要孩子积极地投入不擅长学科的学习中，成绩有所提升就好。

7. 积攒眼前的"小小成就感"

男孩子就适合"走一步算一步"

教育男孩子，不要让他制订长期计划，而是要让他专注于每一天的学习任务。

当他处理好眼前的某个任务后，不管步伐大小，终会有所进步。比起昨天，今天进步了；比起上午，下午进步了。

比如任务在 2 分钟之后被终结了。这种小小的成就感会激发孩子的动力，第二天他也会处理好眼前的任务。如此反复，回过头来就会发现孩子成长了许多。这就是适合男孩子的方式。

职场也是一样，一旦制订一个很隆重的长期计划，之后就会感觉压力山大，心劳力拙。其实，也可以考虑这种工作方式，你会在因眼前的任务忙得手忙脚乱的过程中，不知不觉就把工作搞完了。

对男孩子，采用"走一步算一步"的战略吧。

8. 通过长期计划确定"定额任务"

"眼下应该做的事情"会点燃男孩子的动力

对于男孩子，比起计划，更要让他意识到"定额任务"的重要性。

"这周每天要写 30 个汉字。""今天要解答 20 个计算题。"像这样，让他对"眼下应该做的事情"做到心中有数。不断地完成定额任务后，男孩子的学习能力就会有所提高。我常挂在嘴边的一句话是"不要把情感带入学习中"，不要被心情所左右，而要专心致志地投入完成"数字化"任务的过程中。

假设小升初考试有 500 道题，如果这 500 道题你都答对了，肯定能合格。而实际上，合格不需要答对那么多题。不管怎样，只要达到合格的水平就行。对于男孩子来说，最重要的就是把合格的基准数字作为定额任务来完成。

9. 让他对定额任务做到心中有"数"

增加对"自我责任"实现的贡献

让孩子自己确定每天的定额任务量，这很重要。对此，家长可以表明态度："既然量是你自己定的，那就要完成。"

当然，也存在无法完成的情况。而这又是一个重要的尝试和犯错的过程。

"做10道题不太可行呀。不过做8道应该可以。"像这样，由孩子自己反馈，自己斟酌如何设定量很重要，不能由家长确定任务量后再让孩子完成。

职场上也一样，最近流行让员工自行宣布自己想完成的销售额目标。

对于上司一厢情愿设定的目标，若员工因无法达成而遭受训斥时，他不会对那个嘴上说"我办不到"的自己感到羞愧。然而，若自己宣布的目标以"我办不到"告终，他心里不会好受。对此，员工要感受达成目标的压力，同时也要自觉地下苦功。

孩子也应如此。这种心理过程会给他的漫漫人生带来很大的影响。

家长必须在一定程度上为孩子指导方向，和孩子一起思考。即便只是小学生，也必须秉持自我责任论。

考试这件事情，不是为老师做的，也不是为家长做的，而是孩子为自己做的。必须让男孩子彻底地理解这一点——不会有其他任何人替他做这件事。为此，让他本人宣布自己的目标，方为上策。

"我想上 ×× 中学。我是为了这个而学习。我上辅导班，也是在为考上 ×× 中学而学习。"

首先，让孩子认真地宣布这么一个目标，然后家长和孩子共享这个目标。

此外，对于每天的定额任务，家长也要让孩子在宣布具体的数值——"今天我要做 × 道 × 题"后，再投入学习中。

10. 首先确定"睡觉时间"和"起床时间"

不为心情所左右，养成学习的习惯

为了让男孩子切实执行自己决定的任务，我们首先应着手安排"睡觉时间"和"起床时间"。这由孩子自行决定，并遵守。

这件事情看似简单，但对于小学阶段的男孩子而言，却是一个非常难的课题。

"那我就决定晚上 11 点睡觉，早上 6 点起床吧。"

尽管孩子做出宣言，但上辅导班，放学回家，吃饭，看一会儿漫画，转眼就已经 10 点半了。

"糟糕，还有作业没做，睡不了。""不洗澡的话会被妈妈骂的……"这样一来，孩子就无法遵守既定的睡觉时间了。一旦睡觉时间推迟，那么起床时间也就无法保证。宣言在第一天就会以失败告终。对于男孩子而言，执行这些基本的任务也不容易。

因此，首先要让孩子调整好睡觉时间和起床时间，而做作业时间和打游戏消遣时间等细节可以之后再考虑并加入计划中，这种做法有利于最终的执行。

一开始计划失败了也无妨。要在不断修正的过程中，逐步地养成习惯。连续一周成功遵守并执行计划的话，学习的节奏也就形成了。

相反地，如果不管过了多久，孩子仍无法遵守并执行睡觉时间和起床时间，那么就是他每天的学习仍被心情所左右的证据。

11. 制定"相对"和"绝对"目标

"我要打败 ××"和"完成 300 道题"会使目标最优化

虽然男孩子不适合过于细致的计划，但一旦到了六年级的上学期，就必须改变这个思想。因为到了这个时期，就只剩下重复目标设定和完成目标的过程了。让孩子每个月设定一个目标，然后有计划地完成吧。

具体来说，要从"相对目标"和"绝对目标"这两个侧面着手。相对目标是指要把偏差值提高到多少，或者"我要打败×××"之类的目标，让孩子弄清基准数值和对手后再努力。

而绝对目标，则是指写 500 个字，或者做 300 道计算题之类的目标。这不是与周围做比较，而是与自己的战斗。

此外，这些目标要让孩子自己说出口。

有些孩子一开始会说些遥不可及的目标。而少数的孩子会设定过于轻松的目标。若设定的目标过于轻松，则会与理想的学校失之交臂。

到了六年级上学期，当考试迫在眉睫时，孩子就必须意识到：若目标设定存在偏差，则会坏了大事，必须在对照现实情况的同时找出最适合自己的目标。

如此一来，孩子本身在意识到"不管怎么努力，都填补不了这个差距"的过程中，会逐步地锁定志愿学校。

或者，孩子会痛改前非："我想上 XX 中学，但照现在这样是考不上的。这段时间忍住不打游戏，多留些时间学习吧……"

在这个过程中，对于是否要继续参加社团活动，也由孩子本人思考后做决定。最终，志愿学校是由孩子决定的，而不是家长。

顺便提一句，让孩子设定相对目标和绝对目标有平衡方面的考虑：若有两个目标，那么实现其中之一的可能性会比较高。

只有一个目标，却无法实现，会令孩子丧失信心；因害怕无法实现目标，而把目标设定得比较低，志愿学校的水平自然也不高。

12. 利用"学习日记"来直面自己的内心

自我分析语言的准确度反映偏差值

到了六年级上学期，VAMOS 会开始让学生就自己的目标及其完成度等主题，以日记形式保留记录。

"只要是有关自己的现状、烦恼、成绩的内容，写什么都可以"，我们会给孩子发放 A3 大小的笔记本，让他们随心所欲地记录。这相当于学生本人和讲师之间的交换日记。不光嘴上说说，还写到日记上并反复阅读，这是让孩子直面自己内心的一种手段。

到了中学阶段，孩子就会产生青春期特有的叛逆心理。那时这种日记就难以发挥作用了。但在孩子还无法面对自己内心的小学阶段，这是非常有效的。

　　使用 A3 大小的笔记本是想让孩子随心所欲地写，这样我们可以更好地观察到孩子的具体状态。能够深入开展自我分析的孩子写的内容会五花八门，而其他孩子只会写寥寥几行。日记内容的质量差异可以体现偏差值的差异。

　　实际上，有时候家长也会在笔记本上写一些评论。

　　家长会替孩子分析"××方面很薄弱"等，这个分析和我们讲师的结论大体一致。我能够理解"家长对孩子的事情了如指掌"，但家长替孩子写分析，这件事情没有意义。

　　重要的是孩子本人所想和大人所想是否一致，而即便确认了讲师和家长看法一致，也无济于事。

　　这个笔记本的作用在于"让孩子自我发觉"。它不是要让大人对孩子的学习横加干涉。如果孩子把笔记本带到家里，请家长们不要忘记这一点。

8月1日 / 星期二   No.15

　　下午和晚上的算术课以水层分布图为主。我学会了计算水层分布图不能用一般的方法，而要先用符号做好标记，这很重要。

8月3日 / 星期四

学科 上午 自习
　　　下午 考试
　　　晚上 国语

感想:

　　晚上的国语课以概括大意为主。这方面我不太行。这学期的辅导班报了国语课，我想彻底地进行特训。

8月4日 / 星期五

学科 上午 自习（月考最后预习）
　　　下午 月考
　　　晚上 算术（相似）

感想:

下午月考，我的国语、算术、理科、社会的表现不理想。

国语:

汉字的反义词不会。

算术:

数列的表太难了。

社会:

最后的叙述题太难了。

理科:

最后的那道大题太难了。

　　晚上的算术课以相似和图形的移动为主。我会注意图形无法移动的部分。

　　　　　　　　　　　　　　　　　　　　的部分
　　　　　　　　　　　　　　　　　　　和这端

13．"80% 上课，20% 自习"是黄金比例

20% 的自由学习会提高 80% 的必修学习的吸收力

谷歌上的信息称：公司员工 80% 的工作是定额任务的形式，而剩下的 20% 则是自由把握的。我的教学法也有与之相似的部分。我 80% 的时间会花费在全体学生的"必修"学习上，剩下的 20% 的时间则是让学生自己思考要做些什么。此时，我作为讲师会根据学生们学习日记里的内容，给每个学生布置课题。

有了这个"专属于每个人的 20%"，孩子们对 80% 的必修学习的吸收力也会有所提高。

我们所接触的不是机器人而是活生生的人。虽说都是"小学生"，但千人千面。

以汽车来比喻的话，我们致力于把学生打造成高级的雷克萨斯品牌，至于内饰和配件，就各显本色吧。即便是低价位的汽车，只要做了各种定制，打造成酷炫的车子，也能彰显其价值不斐。

因此，我并没有想要把孩子送上车间生产线，按照标配进行打造。

我认为辅导机构就像是寿司店。我们受托培养的孩子们都是"有血有肉的活物"。既然是寿司店，那么根据食材的种

类而改变料理手法，是理所当然的。此外，还必须留意气温和湿度等因素并进行细致调整。

我会观察当天进入教室的每个孩子的脸部表情，然后灵活地改变教学方式。

请各位家长也具备这种意识：父母就是经营孩子这种活物的"寿司店"。

第5章

「四门必修学科」的26种最强学习法

提高算术、国语、理科、社会的成绩的捷径

提高学习能力的基础在于"掌握基本功"。那么，怎么做才能高效地练就基本功呢？要提高成绩，每门学科应该做的事情会有所差异。这里总结了平常在家就要有意识地展开训练的有效方法。

算术 1：由于各步骤具有联动性，因此不能省略中间步骤

如有不明之处，一定要回到前面，重新学习

几乎所有数学不好的中学生都是小学算术没学好。他们因为没理解小学高年级的课程内容，而引发了后续的数学惨案。

算术（数学）这个领域是一条从小学一年级到高三的具有连贯性的路途，一旦在中途出现磕磕绊绊，则学生很难顺利前行。如果未掌握一位数的加减乘除，则解不开两位数的题目。如果不懂得小数，则无法理解涉及小数的方程式。算术是尤其不能省略中间步骤的一门学科。

因此，当家长烦恼孩子的算术毫无起色时，与其让他不断复习现在所学的部分，倒不如让他回过头看看是被前面的哪个部分给绊住了。此外，要让孩子反复学习这个部分，直到真正掌握之后再从此处重新出发。虽然这看似是在绕远路，

却是最有效的途径。

算术 2：算术成绩与所花时间成正比

实际上需要悟性的题目几乎为零

很多家长担心自家孩子没有算术方面的悟性，但只有极少数天才之间的龙争虎斗才会用到悟性。

不管是小升初考试还是中考，在市面上销售的算术和数学参考书里类似问题就占了 95%，而没有悟性就解不开的题目不过 5%。其实算术无关悟性，反而是普通孩子最容易提升学习水平和偏差值的学科。

算术不仅记忆量远比其他学科少，而且与要求孩子具备日常阅读量的日文，以及要求孩子具有接触自然的经验的理科不同，算术的成绩与孩子花费在学习上的时间成正比，容易获得提高。

若感觉算术学习吃力，那么就是花费的时间不够，仅此而已。只要脚踏实地地不断学习，就一定会有所起色。

算术3：让孩子逐步掌握基本功——"计算64步"

正确把握他的现阶段水平后，再让他开始

我在前面介绍的"计算64步"，是我对小学一年级到中学一年级学校所教的内容进行独家划分的成果。

若有小学三年级的孩子来到VAMOS，我会先让他做"Step15乘法（两位数 × 两位数）"这种水平的题目。

如果这类题目掌握了，我会让他进入下一步，而如果没有掌握，我会让他返回到前面的步骤。我会去把握"这个孩子现在处于哪个水平"，然后再从他的现阶段水平出发，切实地开展学习指导工作。

因为若孩子在这些步骤的某处被绊住了，那他就无法理解下一个步骤的内容。

文部科学省的课程并未进行这样的划分，而是让学生学习加法后，再学习一些减法。之后，再学习乘法和除法……教学方式广泛而千篇一律。

如此一来，每个学生的掌握程度无从把握，学不会的孩子也只能原地踏步。这在不以小升初考试为前提的公立小学，是很让人无奈的事情。

如果不想成为算术和数学不好的孩子，那么就必须掌握

"计算 64 步"。

算术 4：算术的基本功在于"约分"

"快速解题的基本功"不可偷懒

所谓约分，就是把一个分数的分子、分母同时除以公约数并将分数化成最简分数的方法。

如果想要更快速地解开多数字的题目，那么约分是非常重要的一个方法，不能偷工减料，必须认真学习。

例如，碰到"十六分之四"时，学习好的孩子一开始就会意识到"分母和分子要同时除以 4"。而学习较差的孩子则是先除以 2，得出"八分之二"后，再折腾一番，最后才得到"四分之一"。时间就是这样被浪费掉的。

VAMOS 的孩子们碰到"九十一分之六十五"时，用 1~2 秒就能回答出"七分之五"。这是因为他们通过平常的反复学习，已经对很多数字的倍数烂熟于心，从而马上就能反应出"91 和 65 都能除以 13"。

又如，对于 100 这个数字，他们想到的不是"10×10"，而是"2×2×5×5"。这也是一种约分能力。

若掌握到这种程度，那么不仅是算术，对于需要计算的理科题目，也能采用快速且灵活的方法进行解答。这种约分能力无关悟性。平常多练习乘法和除法的题目，对数字倍数烂熟于心后自然就能掌握。

也请充分利用百格计算等练习方法吧。

算术 5：学习能力的差距产生于"比例""速度""比"

坚守"懂"与"不懂"的分界

到小学五年级，算术课上就会连续出现"比例""速度""比"这些非常重要的概念。

比例，就是诸如"棒球安打对全部击球数的比率为30％"等；速度，就是诸如"时速 70 公里"等；比，就是诸如"男女比为 2∶3"等。这些都是我们日常生活中不可或缺的概念。

一下子出现这么多新知识，算术不好的孩子肯定很想打退堂鼓，而在这个阶段脚踏实地地学习尤为重要。这些知识点肯定会出现在小升初考试的算术题里，理科也有很多题目要靠这些概念才能解答。

此外，进入中学阶段后，数学和理科会有越来越多的课题需要这些基础概念来帮助理解。而长大成人步入社会、进入职场后也是如此。

这些知识点好比一块蛋糕的基底，就算不参加小升初考试，也不能忽略。

然而，对这些知识点的学习被所谓的"小康一代"所轻视。因此，在他们经常去的店铺，会看到不可思议的吊牌。

例如，店家将一件定价 7000 日元的夹克以 40％ 的折扣售卖时，"定价 7000 日元"的吊牌上还会写上"40％OFF 后为 4200 日元"。

以前吊牌上只会写"40％OFF"，因为只要计算"定价 ×0.6"就知道价格了。这么简单的计算，大家不用多想就能知道答案。然而，现在的人都不怎么动脑子，这是个大问题。

在一般的商务场合中，当涉及价格方面的谈判时，若对方问："15％ 的折扣能不能再降到 20％？"而你什么都要靠智能手机的应用软件来计算损益，会让对方觉得你这个人不靠谱。

美容师在混合染发的药剂时也需要比例方面的知识，开出租车的师傅也在瞬间计算着"以时速 80 公里开车的话，1 小时就能到，但是现在速度必须降到 60 公里，所以要花 1 小时 20 分钟才能到"。

这些是堪比读书、写字和算盘技能的重要能力。考虑到孩子的将来，无论如何也要让他们掌握好这些知识。

算术6："比例"题需要"阅读理解能力"

由于比例不属于算术范畴，因此比较难

"比例""速度""比"中，对小学生而言尤为困难的要属"比例"。

因为这已经不是算术的范畴了。例如，对于圆周率相关的问题，只要使用"3.14"这种近似值，并且会计算就能解答出来。

然而，比例问题还对国语的阅读理解能力和记忆力有要求。

对于这样的问题："以30%的折扣购买了20个苹果，苹果单价150日元。那么总共花了多少钱？"此时你必须想到"以30%的折扣购买，就是花了定价的70%"。这里首先要求考生具备阅读理解能力。

在此基础上，还必须记住"70%就是7成"。没记住的孩子就会在应该乘"0.7"的地方，乘"70"。

要求阅读理解能力和记忆力的"比例"题，对小学阶段的孩子而言，是一个刚开始不容易上手的领域。

算术 7："速度"题需要"图解力"

没有"阅读理解能力"和"可视化力"就做不好这类题目

不仅是算术题，所有试题都是用日文写的。首先，孩子必须具备阅读并理解题目的能力。而有关"速度"的题目，还考察将题目可视化并绘图的能力。

比如说，有这样一道题："有一辆车从地点 A 往西以时速 60 公里的速度移动。而现有一辆从距离地点 A 往东 5 公里处的地方，于 15 分钟后向西出发以时速 80 公里的速度追赶它，那么几分钟后会在距离地点 A 几米的地方追上它呢？"阅读理解能力较弱的孩子要彻底理解题目本身，需要花费一定的时间。

此外，解答这个问题时，必须用如下一页中所绘的图来把握这两辆车的情况。

小升初考试的算术考查学生是否掌握用图对"速度"题进行解答的能力。由于这较为复杂，有些孩子会听不懂。因此，公立小学的课上并未对此深入讲解。正因如此，不管哪个辅导机构都在这方面下了很大功夫，而 VAMOS 则把"速度"题的题面变长变复杂，再让学生解答。比如这种题目："A君 7 点 15 分从家里出发，以时速 4 公里的速度往学校走。出发后 6 分钟发现自己忘带东西，于是返回家里。在家里待了 2分钟后立刻出发。5 分钟后，父亲的车以时速 60 公里的速度追上并超过了A君。那么，父亲是几点几分从家里出发的呢？"

这道题对大人来说也相当难吧？但是，一旦习惯了这种出题思路，就没问题。

图表7 | "速度"题可以利用图加以"可视化"

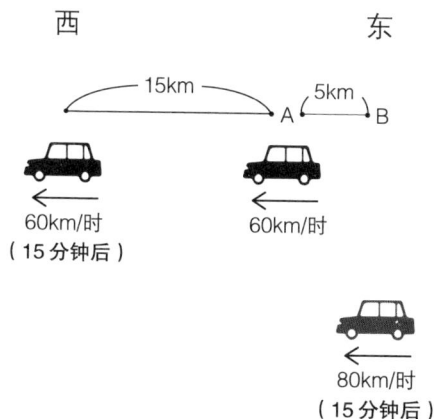

为了备考小升初考试而掌握用图分析题目的能力的孩子，与不用考试直接从公立小学升入公立中学的孩子相比，在"可视化的思考力"方面存在很大的差距。

2020年以后，高考的状态会发生变化。不管哪所大学，考查的都将不再是按照公式解题的能力，而是"阅读题目后进行思考的能力"。不管孩子是否参加小升初考试，都让他试着挑战一下这类题目吧。

算术 8：道道算术题皆通"比"

这个工具无所不能，堪称"算术界的智能手机"

以时速 60 公里的车和时速 100 公里的车为例，它们在相同时间内行驶的距离之比为 3：5。另一方面，行驶相同的距离所花费的时间之比为 5：3。

前者一下就能知道，而能否马上推导出后者，就不一定了。这样一来，解答算术题甚至是数学题的能力就会拉开很大的差距。

其实，即使说道道算术题皆通"比"也不为过。

下页所列的天秤问题就是最好的例子。只要懂得"比"的概念，就能在短时间内解答出来，否则就必须把重量和浓度一一对应。

其他的，包括思考图形的面积和处理物质的密度时，"比"的概念也不可或缺。

小升初考试自不必说，高中和大学阶段的数学绝对会使用的工具就是"比"。只要掌握了这个堪称"算术界的智能手机"般存在的"比"，大部分的题目都能迎刃而解。

相反地，如果没有掌握，就会完全落后于他人。对于多数情况下需要理科方面的能力的男孩子而言，这个"智能手机"尤为必要。

问题

往 80g 的盐水（浓度 2%）中加入 280g 不同浓度的盐水，得到了浓度 9% 的盐水。

请问：加入的盐水的浓度是多少？

解说

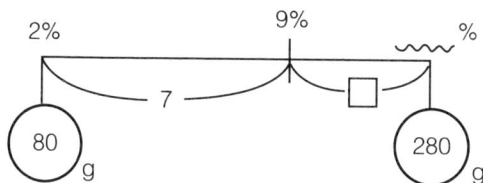

$$80 \times 7 = 280 \times \square$$
$$\square = 2$$

因此，9+2=11%

国语 1：阅读理解能力亦始于"单词"

在日常会话中，使用"多样化的词汇"

经常听男孩子的家长们感慨孩子的国语阅读理解能力差。

阅读理解能力差的大部分原因在于词汇量不足。并且，我切身体会到孩子们的词汇越发贫乏起来，有些孩子甚至连"大晦日"①这个词都不知道。

不知道英语单词就读不懂英语文章。同样地，若国语词汇量匮乏，则读不懂国语的长篇文章。

我们这一代人与爷爷奶奶接触的机会较多，是听着各种各样的老话俗语长大的。职业棋手藤井聪太先生虽然很年轻，但其词汇量之丰富令人咋舌。这大概要归功于他有很多与老一辈的人士交流的机会吧。

但是，如今小家庭化已成为一种趋势，只顾埋头于游戏的孩子们虽然话挺多，但使用的词汇却十分有限。

在此，我想拜托各位家长，使用更多样化的语言与孩子就各种领域的话题进行交流。无须摆出大人的架子，但请让孩子听一听夹杂着各种词汇的大人话。

此外，对于孩子平常看的电视节目和漫画，也可以逐步地提高难度。例如：正在阅读《宠物小精灵》和《妖怪watch》的孩子可以试着阅读《王者天下》；而正在看《快盗战队鲁邦连者 VS 警察战队巡逻连者》的孩子可以试着看《海螺小姐》。如果已经看完《海螺小姐》，可以看看观众年龄层较高的电视剧。

如此一来，当孩子听到"以前从未听过的词"时，他应

---

① 大晦日：在日本指阳历一年的最后一天，也就是 12 月 31 日。

该会问"××说的是什么意思"。此时，请各位家长一定要给孩子灌输正确的知识。如果对这方面没有自信，那么请和孩子一起翻翻字典吧。当孩子表现出兴趣时，家长还可以跟孩子分享相关的词语："据说这个词语还有这种说法呢。"

当然，给孩子强加他们不喜欢的事物，这会适得其反。因此，请家长们在谈论孩子看似感兴趣的领域时，尽量选择使用水平较高的词汇。

国语2：让他"朗读"，以提升阅读速度

相比解题能力，国语的基本功更在于"阅读能力"

不仅是小升初考试，今后孩子将面对的高考也存在不论学科，题目篇幅都变长的倾向。不管怎样，孩子必须养成阅读长篇文章的习惯。

学习国语时，比起解题，更重要的是阅读大量的长篇文章。

尤其是男孩子平常不怎么读书，就更需要做"阅读"训练。不过，如果硬给孩子塞一些晦涩难懂的书，反而会引起他们的反感。刚开始训练最好给孩子找他想读的内容，例如，喜欢棒球的孩子，可以读一些著名选手的手记或者棒球的相关书籍。

重要的是，家长在旁边，让孩子朗读出来。

为什么不是默读而是让孩子朗读呢？因为通过朗读，家

长就知道孩子是否正确把握了文段的句读。

据我的观察，现在孩子们的断句很奇怪，他们无法对文章表达做整体的把握。

比如这样一句话："我现在要去超市买苹果。"读不惯文章的孩子就会读作："我/现在/要/去/超市/买/苹果。"他们不知道哪个词要和哪个词放在一块儿，断句能力很差。这会浪费很多时间。

但是，这是他们用眼睛阅读的结果。如果让他们朗读出来，他们就会跟自己平常说出口的话进行对照，慢慢地学会断句："我/现在/要去超市/买苹果。"

如果朗读时懂得这样断句，那么默读时也会逐步掌握断句的方法。如此一来，孩子的阅读速度就会有所提升，由此参加需要在规定时间内一决高下的考试时也会取得越来越好的成绩。

在英语学习中，也有这种思路——听也始于读。现在流行听教材的方法，但其实阅读很重要。实际上，若一个劲儿地朗读英语并能做到快速阅读，那么听力自然会跟上。

国语 3：让他对社会的"复杂性"抱有疑问

东大学生也在读的"培养社会性的最强教科书"

在开成中学 2018 年度的入学考试中，国语的长篇阅读题中出现了这样的一家人：

妈妈是家里的顶梁柱，一名每天兢兢业业地奋斗在工作岗位上的职业女性。

爸爸是一个作品不畅销的画家，也是"家庭煮夫"。但是通过 Daytrading 这种交易方式存了一些钱。

接送读幼儿园的孩子的任务由爸爸来做，他和学校的老师以及其他女性家长的关系也很融洽。妈妈对此感到有些无奈和孤独，她很烦恼："就这样没问题吗？"尽管如此，她最终得出了结论：这就是我们家应有的状态。

阅读题的内容以职场女性为主人公，且出现了大量现代社会的典型关键词："煮夫""Daytrading"。

但是，实际上想想报考开成中学的孩子的家庭，父亲大多是精英。母亲是职场女性的概率或许很大，但父亲是作品不畅销的画家，干着"家庭煮夫"的活儿的实际例子几乎为零。学校方面是在深知这个情况的前提下出题的。也就是说，题目考查的是考生如何从文章中读取其平常甚少有机会接触的人们的心情。换言之，题目要求考生具备社会性和"大人力"。

即便是霸凌的问题，对于此前的题目，考生只要理解"不可以霸凌"的主旨即可，然而以后的题目考查的将是孩子能否把目光放到导致出现霸凌现象的社会原因上。

今后的考题会逐步涉及一些社会性的话题，如生活保护、难民、LGBT、黑色企业、社交软件疲劳……

但是，男孩子只会把思考的精力放在自己感兴趣的事情上，因此在日常谈话中，家长要有意识地制造话题。

或者，也可以给孩子提供一些涉及社会性话题的漫画。据针对东大学生的阅读经历的调查称，东大学生经常阅读漫画；而针对考上开成中学的孩子们的问卷调查结果显示，他们曾经读过的书里《宇宙兄弟》位列第 3 名。我还想给孩子们推荐《投资者 Z》《健康而有文化的最低限度生活》等书籍。

国语 4：让他做快速抄写"正确的日文"的练习

抄写有助于提升国语能力

日文的应用不限于国语，小升初考试不仅试题本身的语言是日文，还要求考生用日文作答。也就是说，想要拿到高分，正确地书写非常重要。

然而，可能因为现在的孩子习惯使用智能手机，所以很少有人能写出正确的日文。不仅是小学生，连大学生也存在这个问题。很多大学生在找工作时，求职申请表上写的日文错漏百出，有些公司就靠帮学生修改求职申请表赚钱。

在 VAMOS，为了培养孩子正确书写日文的能力，我们采用了经常抄写正确的文章的学习方式。

比如，"纠结要'穿哪件衣服'的时候，时间一晃眼就过了，没能吃上早饭，我已经快要饿扁了"。若让孩子照抄这段话，那么肯定会有孩子要么漏了逗号，要么省略了引号，要么把汉字部分擅自写成平假名，甚至还有错字、别字。

而另一方面，不犯这些错误，能够快速正确地把句子抄写下来的孩子，其偏差值也较高。

VAMOS 每天都会让孩子做这样的练习：一开始让他们抄写两行左右的句段，掌握后再增加到 3 行、4 行。

这种简单练习在家也能操作。素材可以挑选国语教科书里的文章，也可以从报纸或杂志上摘选。

平常就让孩子练习正确地抄写日文，这不仅能提高孩子的国语能力，还有助于培养其发散思维。

国语 5：让他做主语和谓语的区分练习

在不参考范文的情况下写作，可进一步提升写作能力

练习正确抄写文章的同时，我们也让孩子练习在不参考范文的情况下即兴写作。给孩子一个主题，让他写一篇简单

的作文，或者就某个情况用文章进行说明。

例如，给孩子看一张照片，照片上是一名店员在超市给商品贴打折标签，然后要求孩子用 5 行左右的文章说明这个场景。多数的孩子写的根本算不上是文章。他们脑子里很清楚这是什么情况，也能够通过会话的方式说明，却写不好文章。原因就在于他们根本就没有掌握好主语和谓语的关系。

不管是多长的文章，其基本结构都是由存在主语和谓语的一个个句子连接而成的。因此，正确地写好每一个句子，这很重要。

抄写练习也是如此，而在不参考范文的情况下写的文章更是如此，要让孩子意识到主语和谓语，读起来别扭的地方要帮他修改。

国语 6：篇幅长的文章，要注意从宏观上把握

掌握在长文中"一边推测一边阅读的能力"

小升初考试的国语长篇阅读理解题的篇幅每天都在变长。

尤其是在男子学校，这个倾向很明显。近年来，长篇阅读理解文章的篇幅大概在 6000~10000 字。这种比高水平中学的阅读理解文章篇幅还要长，并且大题只有 1 道的情况很常见。对于这种题目，读不懂的话就别想脱颖而出。

这种长篇文章考查的是宏观阅读的能力。要去把握大的动向，而非进行细致的分析。

阅读期间，如遇到不懂的表达，而就此停留，那么时间就会不够。必须先把看不懂的地方放在一边，接着读，并准确理解文章的整体主旨。

如果平常没有接触过长篇文章，那么很难掌握即便有一些读不懂的地方也能够一边推测一边继续往下读的能力。

对于不喜欢读书的男孩子来说，这是很费劲的一项工作。正因如此，平时做与不做，就会拉开很大的差距。哪怕一天练习 10 分钟左右也行，一定要让孩子养成阅读小说等书籍的习惯。

理科 1：理科涵盖了算术、国语、社会的所有内容

要解题需要全方位的基本功

小学阶段，物理、化学、地理、生物都被归为"理科"。各不相同的领域，却被一股脑儿地放到一起，这就是理科。并且，理科涵盖了算术、国语、社会的所有要素，因此对于小学生而言，也是最难的一门学科。

理科的题目一般篇幅都较长，如果国语的理解力不好，

那么就答不好题目。当然，也有需要计算的题目，因此要求考生具备算术能力。而记忆植物和昆虫名称，考察有关地层等方面的知识，则与社会学科的学习相似。理科看似是一门独立的学科，实际上是囊括了所有学科的一门学科。

理科 2：理科要求具备两种学习能力

了解"背诵法解题"和"回答因果关系"的区别

理科题目大致分为不背诵就答不出的题目和不理解因果关系就答不出的题目。如星座的名称、花的名称、昆虫的名称，或者它们的特征等，如果没记住这些，就算想破脑袋也答不上来。

另一方面，对于与浮力、电流、杠杆有关的题目，如果无法理解"施加到 A 部分的力对 B 和 C 产生影响"这层因果关系，则解不开题目。这就需要考生具备套用公式进行计算的算术能力。一般来说，女孩子擅长前者，而男孩子擅长后者。在实际的入学考试中，考查的能力也有同样的倾向。

不过，这两类题目考查的是，完全不同的大脑的使用方法和学习能力，因此了解自己的孩子对哪个领域不擅长很重要。如果你不了解，孩子的理科成绩很可能会停滞不前。

理科 3：背诵的诀窍就是从多个角度处理量

很好地结合"文字记忆"和"视觉记忆"

理科中需要背诵的对象本身不比社会学科多。但是，理科的出题角度涉及多个领域，因此要求学生具备与社会学科不同的背诵能力。

例如，对于"独角仙有几只脚"这样的题目，只要记住"6只"就能答得出来。

而当题中放了几张图片，并问"这些图片中，哪个是独角仙的脚"时，如果孩子只靠文字记忆，就会措手不及了。

理科要求学生将文字记忆和视觉记忆进行结合。并且，考查视觉记忆的，既有使用照片的题，也有使用图片的题。

经常有题目会列举一些植物，要求考生"请将这些植物分为食用根部的植物、食用花瓣的植物、食用果实的植物"，而这类题目可能用文字，也可能用实物的照片，也可能用剖面图。因此，学生必须从文字信息、照片信息、图解信息这三个不同的角度进行记忆。这些知识可以不用分开，统一进行记忆较为高效。

理科4：男女生对理科的追求不同

男孩子的分数会在理科方面拉开很大的差距

理科是对男女的水平要求差异最大的学科。

在日本，男孩子的理科测试要求比女孩子的要难上数倍。其原因之一在于理科中的计算等算术因素较强。本来男孩子就偏爱算术，这点会反映在需要逻辑性思考力的领域。并且，在背诵方面，对男孩子也更为有利，因为男孩子对理科这门学科的内容本身就容易产生兴趣。

大部分的男孩子喜欢昆虫。用自己的手抓住独角仙，翻来覆去地数它有多少只脚，这会让他们觉得很开心。然而，女孩子却对此深恶痛绝。很多女孩子都会觉得恶心，甚至不愿意看昆虫图鉴。在理科方面，对于男孩子和女孩子，最好将他们的目标水平区分考虑。

在滩中学的入学考试中，理科的试题难度大到连东大学生都答不来其中的一半。男子学校的理科整体上偏难，男孩子有在理科上拉开差距的倾向。因此，若男孩子理科不好，会很吃亏。

而在另一方面，女孩子的理科只要马马虎虎差不多就行。

男子学校和女子学校不必多说，即使是男女混合学校，男女生在理科上的合格人数也是分别固定的。因此，最终不管是男孩子和男孩子之间、男孩子和女孩子之间，还是女孩子和女孩子之间的竞争，"理科好"都会是一个很大的优势。

理科 5："思考力""分析力""观察力"很有必要

打赢男孩子之间的战争的 3 种能力

男孩子学理科时要求其具备思考力、分析力和观察力这 3 种能力。在下一页中，我给大家展示的是晓星中学的理科入学试题。试题中涉及了蟑螂的问题。

这道题几乎不考查背诵能力。前半部分考查的是如何观察蟑螂等昆虫，后半部分问的是要如何设置"捕蟑器"才能最有效地抓到蟑螂。在回答这道试题时，考生必须一边分析实验数据，一边进行思考。

本就擅长理科的孩子喜欢开展假设、实验、验证结果这一系列的工作，而对于不擅长的孩子而言，这道蟑螂题就相当棘手了。

看到这道题，大部分的孩子会在心里嘀咕："这种题压根儿没学过呀。"但是，只要考生具备思考力、分析力和观察力，即便没有学过，也能解开这类题目。

即便是喜欢虫子的人，也会有"讨厌的虫子"，而据说蟑螂是其讨厌之最。整个日本大概有 40 种蟑螂，典型的有在餐饮店出没的小型（2cm 以下）的淡褐色茶羽蟑螂，还有在普通人家出没的大型（4cm）的黑褐色黑蟑螂。一般的人绝不会去观察它，而是见了就拍就打。图 1 是从上方观察到的黑蟑螂的模样。请回答以下的问题。

图 1

（1）蟑螂属于昆虫类，因此其躯体的结构应该分为头部、胸部和腹部 3 个部分，但图 1 只能看到 2 个部分。图 1 中的 A 部分相当于哪个部分呢？认为 A 是头部的人，请说明胸部是什么情况；而认为 A 是胸部的人，请说明头部是什么情况；可画图作答。

（2）蟑螂从卵的形态孵化后，成长，并重复多次蜕皮，最终未经"蛹"的阶段，直接羽化成虫。这种昆虫类的成长方式叫作什么呢？请用 5 个以内的字作答。

（3）请从下面 A~E 的选项中选出一组用（2）的成长方式成长的昆虫，并用符号作答。
A. 蜻蜓、蚂蚁、蜜蜂　　　　B. 金钟、蚕、扬羽
C. 独角仙、瓢虫　　　　　　D. 蟋蟀、螳螂、蝉
E. 蝗虫、苍蝇、蚊子

（4）采用（2）的成长方式成长的昆虫的幼虫与成虫在外观上的区别之一就是虫子的躯体大小，另外一个明显的区别在于虫子的身体的某个部分。请补充适当填入下列句子的中的语句，以说明该区别。
说明句：成虫中具有 ＿＿＿＿＿＿＿，而幼虫没有这个东西。

"捕蟑器"是捕捉蟑螂的工具之一。"捕蟑器"所用的硬纸板被折叠成如图 2 中的左图所示的"家"的形状。打开后的形状，如图 2 中的右图所示。其内部涂有胶水，正中间设有发散蟑螂所喜欢的气味的"诱饵"袋子。这个袋子不含杀虫剂，因此蟑螂被胶水粘住后，能够生存数天，而后饿死、渴死。

在蟑螂大量出没的地方，设下"捕蟑器"并每天检查，会发现许多这样的经过：一开始会粘住一两只成虫，它们会生存一段时间；几天后，虫子的躯体开始分泌出（B），捕蟑器内部开始变脏；而后，突然会出现很多幼虫；最终所有的蟑螂都饿死。

据此，我们做了以下的实验：①将"捕蟑器"所捕捉到的活的成虫从

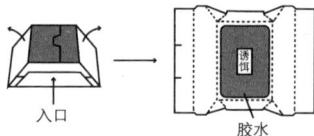

入口　　　　　　　　诱饵　　胶水

图 2

衬纸上剪下来，注意不要损伤虫子的躯体；如图3所示，粘在新的"捕蟑器"的正中间位置替代诱饵。②仿照①，准备死去的成虫的粘贴物。③仿照①，准备仅带有虫子体内分泌出来的（B）的粘贴物。④放了普通诱饵的粘贴物。调查在相同条件下，四种黏贴物分别会粘到几只蟑螂，并且将其结果总结在表1中。

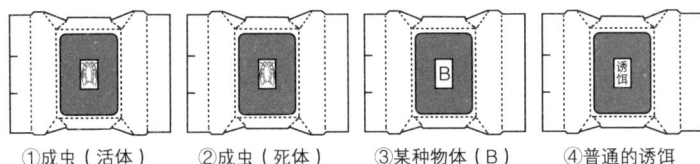

①成虫（活体）　②成虫（死体）　③某种物体（B）　④普通的诱饵

图 3

表 1

粘贴在"诱饵"位置的物体	粘到的成虫	粘到的幼虫
①成虫（活体）	△	△
②成虫（死体）	×	×
③某种物体（B）	○	◎
④普通的诱饵	○（标准）	○（标准）

※ 表中的符号含义：以在最初的 3 日内放了普通诱饵的④粘到的成虫和幼虫的数量为标准。
○符号：粘到大致相同数量。
◎符号：明显粘到大量。
×符号：远远少于或者为 0。
△符号：最初的 2 日内为 0，但之后突然粘到大量。

（5）表 1 的结果表明，蟑螂（尤其是幼虫）具有被某种物质（B）所吸引的性质。你认为文中的（B）是什么呢？

（6）在使用了活的成虫的情况①下，最开始粘不到，而后却突然粘到了大量蟑螂，请说明其原因。

（7）据说蟑螂是"只要看到 1 只，那么实际上就有 40~50 只存在"。若都是成虫，会像恐怖片一样让人崩溃，但实际上那些几乎都是幼虫。为什么数量固定是"40~50 只"呢？请简要说明原因。

2015 年度晓星中学
（我编辑了部分试题，以供本书的说明用途）

131

理科 6：就日常中的疑问统一查阅资料

唤醒对自然科学的好奇心，磨炼三种能力

滩中学的入学考试学科不包括社会，而相对地，理科的难度就会比较突出。比起在社会学科上能临时抱佛脚而后来居上的背诵能力，滩中学想要的是具有理科思考力的孩子。

实际上，要看一个孩子在小学阶段掌握了何种程度的自然科学方面的能力，从理科入手最合适不过。

对于男孩子而言，能够在理科砍下多少分数，是关乎能否超过其填报志愿学校的合格线的重大事项。作为男孩子的家长，只能让孩子喜欢上理科，除此以外别无他法。

为此，家长能做的并不是对孩子说"给我喜欢上理科"，也不是给孩子买一些晦涩难懂的参考书，而是去唤醒他的好奇心。

"爆米花是怎么爆开的？"

"原子能发电站为什么危险呢？"

"樱花为什么盛放后就马上凋零呢？"

当孩子的脑海里浮现出这些问题时，那么他已经站在了理科世界的入口。此时，请家长不要做出一副事不关己的样子，而要去回应孩子："对哦，为什么呢？一起查资料看看吧。"

或者，也可以由家长向孩子提出一些疑问：

"今天又下雨了。为什么会有梅雨这回事儿呢？要不要一起查资料看看？"

"为什么用洗洁精能把餐盘上的油渍清洗干净呢？要不要一起查资料看看？"

磨炼思考力、分析力和观察力的此类素材比比皆是，尤其是来自家长的这种引导对唤起男孩子的兴趣颇为有效。

社会1：历史可以以故事的形式来记忆

入学考试的题目要把握"流程"

对于社会学科的历史题，重要的不是把术语一一背下来，而是将其作为一个有流程的故事进行把握。给孩子提供他们哪怕有一丁点儿兴趣的材料，漫画也可以，然后让他们以故事的形式大致掌握历史事件。

尽管在实际的小升初考试中，纯粹的背诵题仍占超过60%的比例，但是这个比例在逐步下降，因为越来越多的试题考查的是以更广阔的视野把握世界的能力。

海城中学2015年度的社会题涵盖了巴西的亚马孙河及巴西的特产、日本移民的开拓、农业林学等话题，并且从这些话题不断延伸，最终涉及日本的河流、外国船只舶来的历史等。

对于这样的题目，仅记住"巴西的首都是巴西利亚""巴西的通用语言是葡萄牙语"等知识点是无法解题的。若不能以故事的形式把握住大的流程脉络，则无法应付这类题目。

为了让孩子对具有故事性的历史产生兴趣，电视也能派上用场。NHK 的大河剧①也可以作为一个切入口，其他讲述历史事件的电视节目里也有许多为人们所津津乐道的优秀素材。

不过，这些素材是围绕某个时代或者某位人物展开的。尽管花了一定的时间去看，但从中获得的知识却有限。这些素材不过是为了引起孩子的兴趣，他们终究还是需要可以全部通读一遍来进行学习的教材。

想通过漫画学习历史的话，我推荐角川漫画学习系列之《日本的历史》（全 15 卷）。虽说是漫画，但如果孩子不喜欢历史，那么一开始的阅读难度可能有点大。

其他的，我推荐《风云们》《光之风》及 NHK《转动历史的时刻》漫画版等。

---

① 大河剧：这个名词是日本所创，指长篇历史电视连续剧。"大河"来自法文词汇中的"roman-fleuve（大河小说）"，意即以家族世系的生活为题材而写成的系列长篇小说，大河剧是大河小说的电视版。

社会 2：小学生逃脱不了背诵的命运

不晓得固有名词，则无法理解整个故事

虽说现在越来越多的试题考查学生把握大致的历史流程的能力，但小升初考试的社会学科背诵题占了 60% 以上的比例。此外，即使要读历史漫画等书籍，如果孩子不知道一些固有名词，那么也会一头雾水，反而心生厌恶感。

我高中时代不擅长古文。为了看懂《源氏物语》，我试着去读了大和和纪创作的漫画《源氏物语》。由于我本来就欠缺相关基础知识，所以最终我也没看懂，可以说是毫无帮助。

而我的朋友读了这本书，却做出这样的感叹："这本书让我真实地感受到此前我在知识层面所接触的世界。"

在这种意义上，背诵很重要。社会学科的背诵事项和算术的"九九乘法表"一样，将成为今后学习中的绝对性基本功。

社会 3：记忆的诀窍就是使用所有可能的方法

听、说、看、写，每个人擅长的背诵方法不同

小学生人生第一次认为"必须要记住"并认真背诵的，就是算术的"九九乘法表"。接下来就是都、道、府、县的名

称和历史上的著名人物等社会学科的知识点。

在记忆"九九乘法表"时，恐怕各位家长也和现在的孩子们一样，如念经一般："一二得二，二二得四，二三得六……"而长大后再回头看这段时光，你会觉得不可思议：为什么当时不写下来呢？记忆"九九乘法表"是低年级时候的事情，那时的孩子写起字来很慢，也写得不好，以书写的形式来记忆效率并不高。

但是，到了高年级，孩子就开始做书写练习了。因此，可以用嘴说，可以用手写，可以看，可以听，可以利用各种各样的方法，诉诸视觉和听觉等身体的感觉来进行记忆。

在 VAMOS，有些学生几乎不用笔记本，不管什么内容都写在一本教科书里来记忆。虽然书本看起来会很乱，但这是对孩子本人来说最容易的记忆方法，因此并无大碍。

让孩子尝试各种方式，从而找出他最擅长的记忆方法，这才是上策。

顺便提一句，在 VAMOS，小学六年级的学生每天都会做 100 道这样的训练题：讲师会随机地说出一些公历年份，如"1467""1929"，然后让学生在 1~2 秒之内重复。做 100 道题只需不到 15 分钟的时间。

这个方法在家也很容易操作。家长代替讲师，说出年份就行。

"带孩子实地体验风土人情"也是一种有效的方法。比起单纯地坐在书桌前记忆都、道、府、县的名称和县厅所在地，实际到当地去看看县厅，他们的感受会更加强烈。同样，如果去追寻古城和历史遗迹，那么孩子便更容易对社会学科产生兴趣。

对于理科而言，实际体验也很重要。但对于社会学科来说，家长更方便伸手援助。

社会4：重要的是孩子动手写字

如果记不住正确的字，则无法提高分数

充分利用身体的感觉加以记忆后的内容，若无法以文字的形式写出来，则没有意义。

茨城县、滋贺县、札幌、那霸……不管知道多少个都、道、府、县的名称和县厅所在地，如果无法在试卷上正确地写下来，那么一切都没用。西乡隆盛、井伊直弼、壬申之乱、废藩置县……对于人物姓名和事件名称来说也是如此。

尤其是历史题目，不管通过耳朵和眼睛知晓了多少知识点，若无法以文字的形式写下来，就拿不到分数，这点要让孩子切记。

和我们那个时候比起来，现在的孩子深谙IT工具的使用方法，检索能力也特别强。因此，对于历史上的一些事件，很多孩子都会说"这个事情我知道"，但实际上他却写不下来。

尽管脑袋里会浮现出一些文字，但要么少写一横，要么

把应该写作示字旁的部分写成了衣字旁，总之就是写不对。

顺便提一句，可能很多年后，高考会采用机考的形式，到时候就是用键盘来输入答案了吧。然而，我们都不知道文字转换会发展到什么程度。在分秒必争的考试中，若因不知道这个字怎么写而想破头，只会失去先机。

不管怎样，都必须记住正确的汉字写法，并且最好尽早开始练习。让孩子从一开始就向正确的汉字书写发起冲击吧。

这种习惯可以从日常生活着手养成。不仅限于家人之间的交流、智能手机的社交软件使用，还可以灵活运用需要手写的备忘录等工具，时常写寥寥几句话就行，家长要尽量让孩子养成正确书写汉字的习惯。为了达到这个目标，还需要家长发挥模范带头作用。如果家长平常写字就很马虎随意，那么孩子会认为"写成那样就行了"。

社会 5：比起"历史""公民"，"地理"事实上最令人头疼

在周围摆放地球仪和地图，增加日常接触的机会

小学的社会学科从内容上分为历史、地理和公民三部分。其中，被认为"内容死板，对小学生来说很难"的是涵盖政治和经济领域的公民部分。但是，公民的出题范围基本上已

经确定了，只要记住考点就没问题，因此公民其实是容易被攻克的一个部分。

而大家认为最简单的地理，恰恰才是最难对付的。因为这个部分需要记忆的内容范围很广，并且出题方式五花八门。

例如，本以为题目问的是东海道新干线 KODAMA 号的停车站点，结果转眼就跳到了中东问题，问起叙利亚的位置，考查的范围可谓遍布整个地球。

一想到"必须记住"这么多东西，孩子肯定会感到压力很大。请家长们营造一种环境，让孩子平常可以看到地球仪和地图。

社会6：时事问题反映了"家庭的理想状态"

"充满好奇心的孩子"比头脑聪明的孩子更合格

在最近的小升初考试中，考题涉及历史、地理、公民各个领域的"时事问题"的情况越来越多。当鹿儿岛成为大河剧的故事舞台的那一年，涉及鹿儿岛的特产、历史人物等内容的试题比比皆是。而如果碰到奥运会或足球世界杯等重大赛事时，则会有很多题目与主办国有关。

今后，在高考中，有关历史的题目会逐渐减少，而与生于当代的我们直接相关的时事问题会越来越多。现在的考试开始重视考生关注自己身边问题的人性层面的品质。

在这种意义上，就学校所在地区的问题出题的学校也越来越多。例如：位于神奈川县横滨市的圣光学院 20% 的社会题都与神奈川县和横滨市有关。公立小学的教科书里没有出现的知识也会被考查，因为学校要求考生"要好好学习自己想要上的那所中学所在地区的情况"。

开成中学的考试也会涉及所在地——东京都荒川区的相关历史问题和社会问题。不管怎样，最近的中学流行一种趋势——"我们不需要两耳不闻窗外事，一心只读圣贤书的孩子"。

当然，除了关心时事，学习方面也必须做好。作为加分项，每所学校都想要具有社会洞察力的孩子。当被问到"通过小升初考试的孩子是什么样的孩子"时，我的答案是"好奇心强的孩子"，而不是头脑聪明的孩子。

那么对于社会问题"要关心到什么程度呢"，这个真说不准。请家长们养成习惯，关注每天的新闻，尽量在家里制造话题，并且和孩子一起查阅探索他好奇的部分吧。

如有可能，在电视旁边摆放地球仪和地图，对于新闻里报道的地区，最好当场就和孩子确认。

有些家长会把 NHK 的《Close-up 现代 +》录下来，然后编辑必要的内容，给孩子看删减版。虽然这样比较费劲，但不失为一个好方法。孩子对时事问题能够把握到什么程度？对于这个问题，家庭的处理方法会直接被反映出来。

图表 10 | 推荐孩子们看的 10 部漫画

乌龙派出所

秋本治作　集英社

于 1976~2016 年间，连续 40 年连载于周刊《少年 JUMP》的不朽之作。通过这部漫画作品，可以学习日本的战后史。

美味大挑战

雁屋哲作　花咲昭画　小学馆

从 1983 年开始连载的人气美食漫画。可以学习到包括社会、理科在内的许多科学性和社会性的知识。

萌菌物语

石川雅之作　讲谈社

描写了用肉眼可以看见细菌的农大学生的生活的一部作品。让孩子对生物和微生物产生兴趣的一个契机。

银之匙

荒川弘作　小学馆

以北海道的农业高中为舞台的一部学园漫画。可以获得生物和动物学方面的知识。

NHK《转动历史的时刻》漫画版

NHK采访版编　HOME社

将 NHK《转动历史的时刻》漫画化的漫画作品集。以风趣幽默的形式呈现严肃的内容，可以学习历史知识。

学研漫画 NEW《日本的历史》

大石学总监修　学研市场营销

全卷全彩色的新经典版本。最适合作为孩子学习历史的入门书籍。

逆转监督

纲本将也作　辻智画　讲谈社

一部足球漫画，主人公是一个弱小的职业足球俱乐部的领队。题材是足球，有助于提升孩子的士气。

灌篮高手

井上雄彦作　集英社

镌刻于日本体育运动漫画史上的一部代表性作品。对提高孩子的积极性非常有效，但要注意不要让孩子沉迷于篮球。

宇宙兄弟

小山宙哉作　讲谈社

主人公和弟弟胸怀宇宙。曾被翻拍成电影的一部超人气作品。可以教给孩子人类的戏剧性和学习的重要性。

花牌情缘

末次由纪作　讲谈社

以竞技纸牌游戏为题材的作品，曾被翻拍成电影。可以让孩子快乐地学习《百人一首》[1]。

---

①《百人一首》：汇集了日本七百年间一百首和歌，是流传最广的和歌集。

第6章

让孩子自发性地爱上学习的13个『学习习惯』

让容易磨蹭的男孩子摇身一变的方法

对于学习来说，习惯是最好的伙伴。对注意力不集中、容易走神的男孩子，若教育其要磨炼意志力，以便靠意志集中精力，那只会适得其反。必须下功夫让孩子不依赖于意志，自然而然地投入学习中。本章将对在家就可以做到的时间管理、学习顺序、环境构建方法等习惯术进行说明。

1. 坐在桌前的姿势决定了学习的 9 成命运

首先从"学习型"的体态开始

不管哪个辅导机构都一样，只要从背后观察孩子坐在桌前的学习姿势，就大概知道他的成绩如何。

成绩一直上不去的孩子，没有形成"学习型"的体态。此外，这类孩子中男孩子占绝大部分。

经常有孩子会抖脚。为了集中精力，脚必须踩在地板上，然而他们却做不到这一点。甚至有些孩子还会把鞋子穿穿脱脱。

同时，把胳膊肘支在桌子上也不行。用惯用的那只手握住笔，另一只手则按住纸张，这是基本的姿势。而若把胳膊肘支在桌子上，孩子的纸张便会被涂写得乱七八糟，文字也会很不工整。其结果就是孩子连自己的字都读不懂，无法区别 0 和 6，导致计算错误。

除了姿势，还有有待观察的地方。

保持桌面干净整洁的男孩子几乎为 0。他们要么把桌子搞得满是橡皮擦的碎屑，要么把擦完鼻涕的纸巾放在桌上不管，这正是他们对周围的人缺乏关心的证据。

而女孩子首先就不会干这种事情。这并非单纯"因为她们是女孩子"，而是因为她们在乎周围的人的感受。

如上所述，对男孩子过分要求整理整顿，有点儿不太现实，但若他们始终对周围的事物缺乏关心，那么他们在国语的长篇阅读理解题中，就无法感同身受地理解作者的想法。

家长们与其在意孩子是否有整理干净，不如重新确认孩子对待学习的态度吧。

2. 调动男孩子的积极性，让积极成为常规

区分学习和奖励，如同一枚硬币的两面

男孩子和女孩子不同，即便是小学生，其幼稚程度也和幼儿园的幼儿相差无几。因此，请家长们也以对待幼儿园的幼儿的态度来对待他们。

为了让孩子学会自主学习，一开始必须由家长帮忙制定一些规则。并且，对孩子所做的事情予以奖励，这会事半功倍。

例如，有效利用学习和奖励（电视），如同一枚硬币的两面。家长可以跟孩子商量学习 1 小时，看 30 分钟电视。当然，

零食或者漫画也可以，以孩子喜欢的事物为饵，让孩子觉得只要学习，就会有好事儿。

不过，为什么非得做到这种程度不可呢？

因为这个时期的男孩子，他们的"欲望"是"踢足球""打游戏"等与学习无关的事情。

而女孩子的话，她们现在的学习态度和应试的动机多多少少和"××中学的制服好可爱，我很想穿穿看"之类的心态有关联。

也有极少数的男孩子会下定决心："我想当医生，所以我要努力学习。"但这种情况真的是凤毛麟角。家长们没有必要因为孩子不是凤毛麟角中的那几个而感到失望，抱着"男孩子就是这么回事儿"的觉悟，彻底地制定规则吧。

切勿期待这个时期的男孩子会有自主性。尤其是做父亲的，有时会像对待公司的下属一样逼问孩子："你将来到底想要怎样？"但是，请家长切勿忘记一个事实：对方不过是一个稚嫩如幼儿园的幼儿一般的孩子。

男孩子，除了有个哥哥给他们做榜样的情况，一般而言，他们都没有一个"我想要成为XX"的目标。

不要强行给孩子"扣上动机"，还是帮孩子把学习常规化吧。

3. 让他不要找借口，立刻开始学习

家长要善于帮助他进行"热身"

拼命寻找男孩子的"干劲开关"甚至因此而焦躁不安是无济于事的。不管怎样，学习终究是孩子本人的任务。

看到男孩子不管什么时候都一副磨磨蹭蹭的样子，想必家长们都忍不住想训斥一句"快点给我去学习"。但是，如果你这么教训他，他也会这么反击你："我本来现在要学习的，结果被你说得我都没心情学了。"

因此，尽量把"给我去学习"这句话往肚子里吞，而是去制订诱导孩子学习的机制。

例如，在桌子上摆放5分钟左右就能解答出来的简单题目合集。因为简单，当孩子伸出手，开始解答后，他的学习干劲不知不觉就被点燃了。

又或者，也可以让孩子从他喜欢的学科开始着手学习。

虽然男孩子不容易提起干劲，但一旦干劲被激发出来，他就会一鼓作气，勇往直前。因此，比起教训孩子"给我去学习"而浇灭他学习的热情，不如思考如何让他一点一点地进步。

在体育运动中也一样，一开始谁都不愿意去做高难度的练习。但是，当做了热身运动，身体开始发热后，干劲就会逐步被激发出来。如果突然做高难度的动作，可能会受伤，所以"循序渐进"才是王道。

学习也是如此，热身操是必要的。一开始从孩子易于上手的项目着手吧。在热身期间，脑部的血液会四处流窜，而后孩子就容易挑战难度更大的内容。家长只要帮孩子做好这个热身就好。

4. 用"15 分钟规则"拉开差距

想利用大段的时间，却反而无法投入学习

我认为，小学阶段的孩子精力能够集中的时间不过 20 分钟左右而已。

开成和滩这些最难考上的中学，入学考试中考试时间较长的学科也就 60~70 分钟。对于最优秀的孩子来讲，这也是极限了。

普通的小学生只要能够集中 20 分钟的注意力就足够了。因此，对于每天的学习时间，也无须拘泥于利用大段的时间。

对于工作繁忙的商业人士而言，据说灵活运用"时间空隙"很重要。对于孩子的学习来说也一样，养成即使是 15 分钟，只要有时间就会投入学习的习惯，久而久之这个习惯会让孩子拉开大的差距。15 分钟可以做很多事情。

按照家长的想法，他们认为"既然要学，那么希望孩子

可以集中精力学习 45 分钟左右"。但是，现在的孩子和父母那一代人不同，他们真的很忙。若要利用大段的时间，那么反而没办法学习。

并且，长时间的学习会让孩子心生厌烦情绪。

如果孩子觉得"得学习 45 分钟，好烦啊"而开始磨蹭，那么转眼间 30 分钟的时间就浪费掉了。与其这样，不如将 45 分钟分为三个可以轻松投入学习的 15 分钟，分段学习这种做法的效率远远高于前者。

"学习 15 分钟后，会有别的计划"，让孩子知道接下来的安排，并加以引导，这会让他更容易集中精力。

"×××，晚饭再过 15 分钟就做好了，这段时间你安排学习吧。"

"×××，学习 15 分钟后，跟爸爸一起泡澡吧。"

就像这样，让孩子养成 15 分钟的学习习惯后，只要他一有时间，就会自己慢慢地投入学习中。

5. 把上学前的"15 分钟"变成常规

养成习惯的最佳时段是早晨

比起身心疲惫的傍晚，早晨这段时间，头脑更清醒，更易于投入工作中，相信这类职场人士应该不少。而孩子也一样，比起去学校上完 6 节课，再去辅导机构补习完后的那段时间，早晨上学前的这段时间，孩子的头脑更加清醒。因此，让孩子在这段时间内学习吧，哪怕 15 分钟也行。

现如今，父母多是双职工，孩子要上培训班，一家人能聚在一起的时间也就早晨了。在这段时间里，请家长抽出 15 分钟，来督促孩子学习吧。

没必要让孩子做一些很难的题目。在保证上学不会迟到的情况下，可以让孩子写 30 个字，做 3 道计算题。

或者，看早间新闻时，以孩子感兴趣的内容作为话题，跟孩子一起查阅资料。

6. 家长要以逆向思维来指导男孩子的学习

要让他养成完成"眼前的任务"的习惯

我要考 × × × 中学。

为此，我要在六年级的暑假之前搞定这份学习教材。

为此，我必须每天看 5 页教材。

就像这样，从目标倒推出实现目标的小步骤，并逐步实施，这是大人们信赖的正确的工作方法。实际上，大人们利用这个方法实现了很多工作上的目标。

但是，小学阶段的男孩子却很难把自己眼下正在做的事情与未来的目标联系在一起。因此，不管让他意识到了多少个最终目标，他都无法保持学习热情。

那么，这就需要逆向思维。

我每天看 5 页教材。

那么在六年级的暑假之前就能搞定教材。

那么就能考上 ××× 中学。

结果一样的话，这样有何不可？

为了让这个流程切实地转换成理想的结果，对于男孩子，一边要有效利用奖励的方式，一边要让他养成完成眼下的学习任务的习惯。此外，家长要适当地关心他学得怎么样。

我明白家长希望孩子能自发地朝着目标努力的心情。但是，男孩子自身制定的目标本身就不现实，如果让其自发地采取行动，事情只会越发不靠谱。家长应该做的是让孩子养成不管怎样，先做好眼前的任务的习惯。

7. 以"20 分钟"为单位

让孩子在做游戏的氛围中，从"集中学习 2 分钟"开始练习

我在前文中提到，小学生能够集中注意力的时间差不多是 20 分钟。

为了避免孩子磨蹭懒散，荒废时间，试着让其每次以20分钟为标准限度来开展学习吧。

此时，用计时器或秒表来计时的话，孩子容易把握时间，也容易接受。

最终，可以采取集中精力学习20分钟后，计时器的闹铃会响起的方法。但是，一开始可以尝试更细致的做法。

对于容易走神的男孩子，首先让他从"集中精力2分钟"开始练习。这是因为普通孩子解答小升初考试中最简单的计算题，一般需要花费2分钟。如果孩子只能集中精力1分钟，那么连一道题都解答不了，所以最少也要集中精力2分钟。

请家长营造一种做游戏的氛围，在旁边拿着秒表，让孩子开始学习，并在2分钟以内解答问题。

8. 在热身环节做百格计算

从做题速度可以看出"绝对性学习能力"的提高

不管是哪种体育项目，在进入正式的练习之前都必须做好热身运动。热身运动可以让全身发热，肌肉舒展，以便开展接下来的身体活动。

孩子们要投入学习状态，必须先做好脑部的热身运动。脑部的热身运动适合用一些诸如"百格计算"之类的单纯计算来进行。

在家做百格计算时，请计时。这样可以把握孩子的绝对性学习能力及其变化。如果解题速度变快，那么专注力也会相对有所提高。学校和辅导班举行的考试只在乎排名和偏差值等相对性学习能力，而很难关注到个人的绝对性学习能力。但是，真正重要的是"孩子的能力是否有所提高"。

一边计时一边做百格计算，通过不断进行提高计算速度的练习，孩子的基础学习能力会得到绝对性的提升，这是家长和孩子本人都能切实感受到的。

像这种能够让孩子感受到努力的价值，而无关头脑好坏的练习才适合作为每天的热身。

如有可能，请尽量用二百格计算来做热身。孩子能否一鼓作气地做完二百格计算是一座山，也是一个指标。

当然，也可以进一步提高难度，VAMOS 的六年级优秀学生可以一口气做完八百格计算。

9. 练习题不是拼时间而是拼"数量"

应试学习与进入社会一样，重要的是"生产效率"

"每天要让孩子学习多少内容才好"是面临小升初考试的孩子家长经常问的问题。和加了不少班但生产效率低下的职场人士不受待见是一个道理，不管孩子在书桌前坐了多久，如果是在走神发呆，则毫无意义。家长必须做好管理工作，以提高孩子的学习效率。

然而，男性家长们多为热血汉子，他们重视花费在学习上的时间："我还小的时候，每天可是花 5 个小时学习呢。"

另一方面，也有些男性家长会用 Excel 来管理孩子做完的题目，他们不在乎孩子花了多少时间，只看结果。

当然，学习也需要热情，但重要的是会做，还是不会做？如果能增加会做题的数量，那么就离合格不远了。

做同样的 10 道题，花 30 分钟肯定是优于花 1 个小时。因为剩下的 30 分钟可以用于解答其他的题。家长从小就要让孩子明白一个道理：不是说花费大量时间就够了，而是要看生产效率，即利用这些时间成功完成了多少任务。时间有限的小升初考试自然不用说，成为一个社会人士后，生产效率更是尤为重要。

为此，必须准备计时器和秒表进行计时，让孩子积累在较短时间内发挥最大实力的经验。

10. 让他在客厅学习

如果依靠他的自主性，那么只有会随意散漫的结果

男孩子，只要没人注意他，他就会一味地埋头于自己喜欢的事情。学习也一样，男孩子就只顾埋头于自己擅长的学科。但是，小升初考试要求考生必须面面俱到。因此，让孩子在家长看得到的客厅学习吧。

实际上，女孩子到了小学高年级，就会萌生自我意识，开始渴望拥有一个属于自己的空间，到那时，她们就不适合在客厅学习了。然而，男孩子在精神层面上仍比较幼稚，还想跟父母撒娇，因此他们对于在客厅学习这件事没有抵触心理。反而因为有家人在旁边，他才能够放心地学习。

在客厅学习的一个好处就是家长还能监督孩子学习时的坐姿。

他有没有在抖脚？他是不是把桌子搞得净是橡皮擦的碎屑，还一脸无所谓的样子？家长也观察一下这些情况吧。

11. 不要预习，而是把时间花费在"复习"上

小学生在学习"未知"的知识方面效率差

人们往往会认为"预习和复习"是不可分割的好兄弟，但它们是性质完全不同的两个部分。而我认为小学生并不需要预习。

因为与对所学知识进行确认的复习工作相比，凭借自己的能力对未知的知识领域进行解释的预习工作，对小学生而

156

言，难度很大。并且，其自身的解释不一定正确，还有可能因此记住一些错误的信息。

因此，不要让孩子预习，让他把宝贵的时间留给复习吧。

此外，复习时间也要逐步缩短。包括学校和辅导机构在内，课堂上所学的知识要在课堂上理解并掌握，这才是能产生效率的最佳对策。

但是，如果孩子的脑袋不够灵光，那就没那么简单了。对普通的孩子来说，如何高效地展开复习工作是很重要的。

复习的目的在于切实理解在课堂上没理解的内容。如果以敷衍了事的态度对待复习工作，对无法理解的内容熟视无睹，那么在接下来的课程中，孩子会更加一头雾水，不明不白。

对于不擅长复习的孩子，请家长跟他一起思考，并给予指导，让孩子豁然开朗——"原来如此，我终于懂了"。

让孩子反复练习如何咀嚼和消化自己不懂的内容，久而久之，他便能会学会在课堂上自己消化知识。

12. 不要吊死在回报率不高的学科上

比起"克服偏科"，更重要的是"合格的策略"

为了考上理想的中学，必须在入学考试中拿到合格的分数。如果有四门学科，就必须尽可能考虑高效率分配。

做生意也一样，假设要卖 4 种产品，比净利润，那么肯定要考虑成本便宜的产品、容易营销的产品等，尽可能提高买卖的回报率。同样地，孩子的应试也必须考虑回报率。

在孩子的学习中，决定回报率的因素每天都在变化。有时候喜欢的算术突飞猛进，而有时候不擅长的国语有了一点起色……家长必须根据孩子的实际情况去思考如何才能使总分涨到最高点。比起"克服偏科"，更重要的是"合格的策略"。

13. 一旦成绩停滞不前，就不要让他同时进攻四门学科

采取"一点突破"的策略，克服一时没有起色

不管是什么样的孩子都会有成绩停滞不前的时候。对此，家长就不用说了，孩子也会感到焦虑。但是，若利用好这个时期，之后孩子的成绩有可能会取得很大的提高。

当孩子的成绩停滞不前时，不能让他同时去攻克四门学科，而是要集中火力拿下一门学科。

如果一下子要攻克四门学科，而成绩却上不去，那么孩子就会丧失自信——"不管做什么都提高不了成绩。我已经无能为力了"。实际上，如果一下子要攻克四门学科，在每门学科上所花的时间是有限的，因此往往努力了却收获不到好

的结果。

如果集中攻克一门学科，一般都会获得提高。看到自己成绩提高了，孩子才能慢慢找回自信。

尤其是男孩子，他要看到进步，才会产生信心。只要一门学科成绩提高了，他就会以提高了的学科成绩的水平，抒发豪言壮志："我觉得自己考得上 ××× 中学。"

这时候，如果家长鼓励孩子"你肯定能考上 ××× 中学。你看你不是做得很好嘛。国语和社会也按照这个水平去努力吧"，那么孩子就会火力全开，对于不擅长的学科也会下功夫苦读。

因此，当孩子成绩上不去时，不要让孩子一下子攻克所有的学科，而应让他全身心地投入自己最容易提高的学科，或他喜欢的学科。

第 7 章

男孩子成绩上涨的家长的
26个秘密习惯

考试合格的孩子的家长都有的令人信服的『育儿规则』

孩子的学习能力取决于"家长的习惯"。表扬、批评学习进展不如意的男孩子，点燃他的干劲，让他爱上学习。不光是学习，要如何培养孩子的自信心和自立性，让他拥有一颗强大的心脏，即使步入社会也能够不屈不挠呢？本章汇集了家长立刻就能为孩子付诸实践的事例。

1. 创造环境，让孩子将"不懂"说出口

若男性家长寡言少语，那么男孩子也会木讷少言

基本上，学习是一个人的事情。但是，为了高效地开展学习工作，小学生的学习少不了亲子间的交流。

如果孩子无法准确地向家长传达自己哪些内容懂了，哪些内容没懂，那么就可能做无意义的努力。

尤其是，男孩子的脑部特性使他们想要占据有利地位，于是他们有一种倾向：对于不懂的内容也硬说懂了。但是，如果不懂装懂，那么学习是不会开心的，也不会有进步。这就要求家长营造一种环境，使孩子对于不懂的事情可以老实说出口。

如果父亲沉默寡言，给孩子以压迫感，那么他就什么都说不出口。公司里也有一些上司让部下在有事情想问时不好开口。

这就需要家长跳出这种交流窘境。

2. 摆出"父母和你一同在战斗"的姿态

家长懒散放纵，却要求孩子努力学习，这是无稽之谈

我们那一代人，小学的时候可以无忧无虑地玩耍。但是，现在的孩子们却不能这样，要参加小升初考试的孩子还要面临更大的压力。对这点首先家长必须要予以理解。

相信只要家长理解了这一点，那么当孩子在客厅学习的时候，就干不出这种事情：烂醉如泥地摊在他旁边，叨叨一些不着边际的牢骚话。

不管家长工作多么辛苦，即使是因为应酬而不得不喝酒，孩子也不会理那么多。他们所看到的就只是现在，眼前的父母的样子。

我周末去街角的咖啡店，经常看到孩子学习的身影。坐在这些孩子对面的一般都是打开笔记本电脑工作的父亲。

可能父亲累了，在家就想睡觉。但是，当父亲在自己眼前帅气地投入工作中时，孩子的内心是欢喜的，而且他会暗下决心要成为一样的人。

医生的孩子之所以成为医生的概率较高，这不仅关乎头脑和财力，更多的是孩子看到父母医治病人时的样子而肃然起敬的原因吧。

对于男孩子而言，父亲是离自己最近的目标。至少在小

升初考试结束之前，请父亲们给孩子树立一个榜样，让孩子心中有一股力量，"我想成为像父亲那样的人，所以我要努力学习"。

这与家长的学历和职业经历无关，而是家长应有的状态的问题。不是说父母是东大毕业的就好，即使是高中毕业也无碍，重要的是父母要给孩子展现出一种模范性的带头作用。

家长懒散放纵，却要求孩子努力学习，这是无稽之谈。

3. 家长和孩子一起比赛读书

若一个家庭没有"读书习惯"，那么孩子自然不会去读书

读书是一种高难度工作，需要读者自己去追逐文字、理解故事，读书也是所有学习的基础。抛开小升初考试不谈，读书习惯对于思考漫漫人生来说也是非常重要的。

喜欢读书的男孩子很少。但是如果父母读书，那么这一点可以有所改变。相关数据表明，若现实中父母没有读书习惯，那么孩子也会倾向于不读书。请家长多让孩子看到你们"读书的样子"。

若父母阅读书籍后，互相诉说读后感想，那么孩子也会开始阅读书籍，因为"自己也想加入父母的交流"。

"这周读了几本书？""这本书我 3 天就读完了。"像这样，

家人之间比赛读书也不错。

4.GET 孩子的"为什么"，并和他一起思考

知道家长所不知道的事情是"孩子最大的乐趣"

光是看新闻，孩子的心里就会不断产生各种"为什么"：

"为什么会出现日食？"

"为什么以色列与巴勒斯坦会起纷争？"

不管家长有多忙，都不能无视孩子的"为什么"，而要予以理解，并和他一起思考。

此时重要的是，即使家长已经知道答案，也不要告诉孩子"是因为××"就完事，而应和孩子一起查阅资料。这样一来，孩子会更能感受到学习的乐趣。也不能立刻就上网查，而是要事先准备好地球仪、地图和图鉴等工具。

当然，即使家长不知道答案，也切勿浑水摸鱼，企图蒙骗孩子。对于不懂的事情，老实对孩子说："爸爸也不懂呢，咱们一起查查资料吧。"弄懂家长所不知道的事情，对孩子来说是最大的喜悦，因为他会有种"我赢了父母"的快感。而且这也是拓宽孩子兴趣领域的一个机会。

此外，家长也可以试着向孩子抛一些勾起他好奇心的问题。

我有一个朋友，是东大学生，据说他从小就经常被父母

问一些问题。

"你知道为什么今年苹果这么贵吗？"

"你觉得为什么在美国普通人也会有枪呢？"

请家长们也试着给孩子抛各种各样的问题吧。

当然，问题要选择让孩子感兴趣的主题，勾起他的好奇心："这是为什么呢？"若抛一些太难的问题，孩子就不会觉得有趣。

"你觉得为什么财务省要修订文件呢？"

孩子听到这种问题，一来不会产生兴趣，二来就算父母仔细说明原因，他也无法理解。

父母不要停留于自我满足的层面，而是要弄清楚"孩子是否上钩了"。

5. 利用运动的原理提升男孩子的专注力

利用比赛输赢让他学习"努力"和"结果"的因果关系

要让没有定性，专注力不长久的男孩子养成学习习惯，不能立刻就让他投入学习中，从体育运动入手是个好方法。

体育运动中有很多与学习相通的道理。比如"只要自己努力了就会进步""只要努力了，周围的人就会支持我，表扬我"等。

让孩子通过体育运动切身感受到这些道理，以让他心领神会"为什么只要学习，一切就会好"。实际上，拥有醉心于体育运动的经验的孩子有较早就能够集中精力学习的倾向。

如果不擅长体育运动，那么诸如象棋之类的比赛项目也可以。重要的是让孩子能够迷恋上某一件事情。

6. 由母亲来批评、父亲来表扬，效果较好

母亲比谁都了解孩子的现实情况，而父亲一直都是孩子的竞争对手

很多家长认为"批评男孩子是父亲的工作"，然而这对小学阶段的男孩子却不适用。因为对他们来说，父亲是令他尊敬的存在，既是目标亦是对手。如果被这样一个人否定，他就会产生满满的挫败感。

我给家长们介绍的一个理想模式是"为成绩批评孩子，这是辅导机构的工作；为日常表现批评孩子，这是母亲的工作；而父亲则负责表扬孩子"。就算父母是双职工，但多数情况下还是母亲与孩子接触的时间较长。母亲比父亲知道更多"孩子的事情"。例如，即使孩子那一周的学习没有什么进展，但母亲会明白"那是因为这周作业特别多，花了很多时间"。

而由了解这些情况的母亲来教育孩子"这周明明就有时

间的，你把时间都浪费了"，这样更具说服力，孩子也不得不接受这个批评。

7. 坚持不懈、反复批评

男孩子没心没肺，马上就会忘记被批评的事

男孩子本身就无条件地喜欢母亲。母亲是一种温柔的存在，她们了解孩子的事情，在此基础上去批评孩子，告诉他"这样不行"，最好不过了。

但是，就算我这么说，想必各位母亲也不会同意吧。她们会说："如果这样就能解决问题，我就不会那么头痛了。"男孩子被批评后，会暂时地进行反省，但是这个效果不会长久。因此，家长只能"反复不休"地批评他。

男孩子比较没心没肺，很快就会忘记被批评这回事儿。由于他忘记被批评这件事，家长只能重复地强调。请家长们不要因为这种情况而焦躁不安，而要认清"男孩子就是这么回事儿"，然后冷静地、孜孜不倦地重复同一番说辞。

但是，孜孜不倦和疾言厉色是两个概念。请家长们始终留意批评时的态度。

8. 不要把孩子当作父亲的"部下"

以"说教"的方式批评他，他无法反驳，容易产生反抗心理

对于小学阶段的男孩子，请不要以"说教"的方式教育他。就算孩子没有说出口，也会产生一种抵触心理："明明对我的事情一无所知。"

据说有一位父亲在儿子没能遵守约定好的学习计划时，指着 Excel 表格训斥孩子："这完成率连 70% 都不到。"但是，对方并不是公司的下属。

孩子面临小升初考试的父亲是在公司担任中层管理职务的那代人。他们会把自己的孩子和公司不得力的下属混为一谈，从而说出这样的话："你早晚会变成 ×× 那样。那家伙就不顶用。"他们并没有把孩子当作孩子来看待。

如果家长想对孩子进行彻底的管理，那么就必须 100%地对他们进行监督。家长必须抱有这种觉悟：直到孩子考试结束之前，都不要加班，而是直接回家。

9. 说"以前我……""为了你"之类的话一点都不管用

合理地说明"理由"而不是灌输意志至上论

家长在批评孩子时，有一些雷区需要避开。

雷区之首就是"爸爸小时候……"之类的说辞。

当孩子听到这种话时，就会觉得很扫兴，他们认为时代已经变了。虽然孩子这么想是无可厚非的，但父亲听到这句话会情绪激动地说："你这是什么态度？"这是没有结果的一种交流。

诸如"我都是为你着想才跟你说这些的"之类的话也完全不顶用。"为我着想的话就别生气呀"，似乎孩子的逻辑更站得住脚。

总之，面对这个时代的孩子，家长就算搬出自己成长的那个时代的斗志论也没用。

重要的是向孩子传达一种意图——为什么我会批评你呢？

我也会在辅导机构批评孩子们，我会把批评的点具体化："×××，你答应我今天之内要做完这个的，你都没做到。所以我现在很生气。"

没有遵守约定，迟到了之类的批评理由在孩子看来也容易理解。

请家长们不要诉诸道德心，否定孩子的情绪，而要传达合理、易于理解的理由。

10. 对男孩子要 2 分表扬、8 分批评

若采用"表扬提升论"，则他无法成长

男孩子很快就会忘记被批评这件事，而一旦被表扬就会高兴得忘乎所以。

也就是说，批评的效果和表扬的效果有着天壤之别，因此有必要改变其比例。从我的经验来看，我认为 2 分表扬、8 分批评可以取得一个平衡。

虽然现在流行"表扬提升论"，但是小学阶段的男孩子和公司的下属不同。如果表扬他，他会沾沾自喜，一个劲儿地重复这个事情，而忽略本来应该做的事情。

并且，对于没有定性的男孩子，"不得不批评"的机会太多了，就算想要以同等程度表扬他，这也不现实。因此，若对自己的儿子批评多过表扬，也不用太放在心上。

11. "捧杀"是最有效的手段

"挖苦"是最能动摇他内心的方式

好了伤疤忘了疼。男孩子转头就会忘记被批评这回事儿，然后回头又被批评。

重复着这个过程的男孩子已经"习惯了被批评"。人对于习惯了的事情，都不痛不痒。

另一方面，男孩子还未习惯被表扬。

那么，家长们可以不时地尝试下"捧杀"的方法。我也经常对机构的男孩子使用这一招。

我会极度地挖苦他："哎呀，×××。你没做作业是因为这种作业就算不做也一定能通过考试吧。果然厉害呀。实在不好意思，给你布置了这么简单的作业。"

或者，无视这一招也有效。

"啊，你没做作业啊。算了。我不会再多说什么。"

男孩子经常会吐槽妈妈做的便当。此时，不要一脸严肃地训斥孩子根本不懂妈妈多辛苦，而是试着无视他："啊，这样啊。对不起。那我以后就不做了。"这样一来，男孩子的态度就会突然发生转变。

"捧杀"和"无视"是对付男孩子很有效的招数。

12. 当他失落时，要捧他直到他得意起来

男孩子失落是一种很危险的信号

男孩子和女孩子不同，他们很少会"失落"。而当男孩子表现出非常失落的样子时，这是一种很危险的信号。若放任不管的话，后果不堪设想。

这种时候，家长要表扬他，直到他高兴起来，高兴到忘乎所以。表扬的理由随意。

"听说你 7 点准时起床了。太厉害了吧！"

"你把自己的餐具给洗好了呀。谢谢你！"

"哇，你的鞋子摆放得好整齐。妈妈好高兴啊！"

……

表扬的内容是与学习无关的事项也可以。此外，孩子平常就做得很好的事情也行。总之，请家长找到一些表扬的点，把孩子吹个天花乱坠吧。

13. 对男孩子而言，父亲是最能理解自己的人

父亲来接自己放学，他就会很开心

来辅导班接孩子放学的大多是母亲。而母亲就算还在回

家的电车上，也会唠叨很多琐碎的事情。

"今天上课的资料，快点让我看一看。"

"行了，待会儿再说。"

……

对此，男孩子会感到心烦意乱。

另一方面，父亲难得会来接自己放学，男孩子对今天是父亲来接自己这件事感到心花怒放。此时，请父亲成为那个理解孩子的人吧。

"咱们去吃拉面吧，别让你妈妈知道。"

当男孩子和难得两个人在一起的父亲度过一段秘密时光后，他的心情会像坐上一台喷射机一样，十分亢奋。而母亲会心里泛酸"不要觉得爸爸就什么都好"。但是，这是角色的分担，也是一种对家庭的支持方式。

14. 在日常生活中导入"竞争"

"输了不甘心"的心态，会激发男孩子的活力

以前一个家庭有好几个孩子，连晚饭的配菜都要兄弟之间互相争抢。但是，现在的孩子们就不需要这样。更何况若是独生子女，不管做什么事情，在家里都不存在竞争这回事儿。

在学校，被迫竞争的机会也在不断减少。

然而，小升初考试就是一场竞争。所谓的考试合格，就是在竞争中脱颖而出。

此外，步入社会后，尤其是对男孩子来说，竞争是避无可避的。公司里也有一些年轻人因无法适应竞争而辞职。这件事情不分好坏，但既然生存在这个充满竞争的社会，就绝对逃不开竞争的命运。

现在，孩子的数量在减少，因此如果觉得"读哪一所学校都无所谓"的话，就能上大学。而公司也陷入人才短缺的困境中，因此如果觉得"在哪一家公司上班都无所谓"的话，也能轻松就业。

但是，避开竞争所得到的东西很有限。结果就是在竞争中胜出的人、不愿服输的人将在各种意义上获得"好的生活"。所以，竞争还是有必要的。

既然如此，平常就让孩子习惯竞争比较好。而且，必须让孩子感受到"输了而心有不甘"的感觉。

具体来说，我建议在孩子的学习项目中加入体育运动这一项。体育运动可以让孩子直观地体验成败。

在家也增加各种竞争的机会吧。打扑克牌，下象棋，做百格计算等都可以。用做游戏的方式试着来场亲子间的比赛吧。

当孩子脱口而出"我赢啦""我不甘心"之类饱含胜负欲的台词时，就算大功告成了。

15. 煽动"胜负欲",激起他的自尊心

对于不擅长设定对手的孩子,要让他付出"绝对的努力"

这个时代的孩子们已经习惯了不排名的教育,因此不擅长进行对手设定。那么有时就必须利用隔壁家的孩子来煽动他的胜负欲。"你这样不就输给×××了嘛。明明你比较厉害的。"家长可以像这样来刺激男孩子特有的自尊心。

但现在不愿与人相争的"草食系男子"越来越多。对此,抱着"我的对手就是我自己"的想法也行。足球界也一样,以前标榜相对的努力,暗自下定决心"把×××踢下来,顶替他的位置"的选手很多,但现在选手们一般会说:"我想被选为日本代表。"为此,"我自己努力就好"。

就像这样,让孩子把自己视为对手并付出绝对的努力,可能更符合当今孩子的风格。

16. 让他向"与自身能力不相符"的目标发起冲击

男孩子把目标设得高,更容易获得成长

男孩子不像女孩子,他们不懂得自己与他人的差距。

以我负责指导工作的足球事业为例，男孩子不懂得日本代表选手与被选为地区俱乐部成员的选手在实力方面有多大的差距。因此，他们内心觉得自己也能成为职业选手。

在小升初考试中也一样，男孩子不了解以自己的水平可以考上哪个水平的学校。因此，暂且把目标往更高设定，这样更有利于其成绩提高。

如果不懂得 1 公里和 30 公里的区别，那么就让他以 30 公里为目标奔跑，这样也许他能跑到 10 公里处。而如果让他奔着 1 公里的地方跑，那么结局也就没有悬念了。

而对于较为现实的女孩子，若家长对只能跑 10 公里的她们说："往 30 公里冲吧。"她们一眼就会看透你的心思："你是想刺激我吗？"男孩子在这方面相对容易被操作。

17. 男孩子不擅长"复仇"

对他受伤的自尊心灌输意志至上论会适得其反

"复仇"这种字眼适用于男孩子还是女孩子呢？实际上，是女孩子。

辅导班的春季讲习结束后，女孩子就会把目光放到下一个阶段——算术的学习还不够，理科完全不行。而男孩子只会沉浸在结束的快感中："啊，终于结束啦！"他都不会去回顾讲习内容。

此外，男孩子的话，若他因失败而受伤，似乎不愿意展开"复仇行动"。

对于小学考试没考上的学校，在小升初考试中也想挑战，或者说出"我绝对会考上比那所学校更高水平的学校"之类的豪言壮语的，肯定是女孩子。男孩子则不想提及失败经历："啊，×××小学，是没考上吗？我忘了。"

对于这样的男孩子，如果父亲对他说"你就不会不甘心吗"，那么他只会表现出一种排斥反应。男孩子的话，他自己感到不甘心，和旁人质问他"你就不会不甘心吗"，这是两码事。

若想激发男孩子的复仇欲望，那么请另寻他法。

比如说，对于因理科考试成绩不理想而心情低落的男孩子，不要鼓励他"下一次考试争取理科成绩翻倍"，而是让他利用自己擅长的学科来一雪前耻。

不通过学习，而是通过体育项目来复仇也可以，因为重要的是让孩子重新找回斗志。至于用什么方式，请随意。

18. "肚满肠肥"的话就不会有欲望

若想培养自立性，那么"过分给予"万万不可

为了在应试竞争中笑到最后，必须肃清"无所谓，怎么

样都行"的颓废感。此外，如果从孩童时代起便萎靡不振，那么长大后步入社会，就会处于一种很痛苦的迷茫状态，会觉得"没什么自己特别想做的事情"。

但是，现在的孩子们都非常忙碌，光是完成每天的日程安排就累得够呛。他们没有闲情去拥有自发性的欲望："我想做……"

比起其他家庭，在父母是双职工的家庭，亲子之间交流的时间实在太少。这样一来，家长内心就会萌生一种罪恶感——我没能顾得上他，从而想用金钱弥补。结果就是要求孩子"去上补习班，去参加体育项目，去学新技艺，什么都学"，让孩子身心俱疲。

的确，文武双全是求之不得的，但这不是家长口头说说就能掌握的能力。只有当孩子发自内心地希望学习，也想运动时，这才有可能实现。

此外，在激发孩子"想要做……"的欲望方面，玩耍是很重要的。但是，现在的孩子即使被告知可以去玩耍了，也一脸茫然："妈妈，要玩什么呀？"

纵然考试已经火烧眉毛，也切勿给孩子安排满满当当的学习计划。只要"八分"饱就够了。

我经常让孩子"不要吃太饱"，但是家长却拼命给孩子塞吃的。孩子肚子吃得圆鼓鼓的，就不会有"想吃××"的欲望。若想培养孩子的自立性，那么"过分给予"就万万不可。

之前，有一位来自荷兰的足球教练感到很惊愕："为什么日本的高中生每逢社团的足球练习休息日就那么开心？"

自己选择参加足球的社团活动，就意味是自己喜欢这项运动。而"做不了"自己喜欢的运动时，为什么那么开心？这点让他不可思议。

实际上，现在日本学习足球技能的孩子越来越多了，但是"喜欢足球"的孩子反而在减少。因为一直在学，所以比起"想踢足球"，他们更想"休息"。

其实，对于未知的知识，也应该抱着"想学习"的心情来做才行。但是，被硬塞了太多的东西，反而会让他们不胜其烦。

大人们的工作也许也是这样。本来工作应该是很有意思的，但量实在太大，导致整个人力不从心，反而心生厌倦。家长们有必要反省：是不是也强加了太多的学习工作给孩子呢？

19. 期待不过是父母的"一厢情愿"罢了

父母不要强加自己的期待给孩子，而要"应援"他的目标

让男孩子在客厅学习之所以有效，是因为他们的精神层面尚处于较为幼稚的阶段。家人在一旁时不时地偷瞄，然后

鼓励他做得不错，这会让他感受到来自家人的支持，学习自然会有所进步。

这种"支持"非常重要，我希望家长们逮到机会就表现出来，但请注意不要使之流于一种变相的形式——"家长的期待"。

面临小升初考试时，作为家长，望子成龙是人之常情，"希望你考上 ×× 中学""希望你以更高水平的学校为目标"。但是，这些期待不能让孩子来背负，他们还小。

因为他们还年幼，所以尽管父母的期待让自己喘不过气，他们也没有表达的能力。若家长仍不止不休地给孩子强加自己的期待，当亲子关系恶化时，孩子会报以很大的反抗心理。

对孩子期待过剩的情况多见于母亲。

父亲和孩子一样，怀有"谜之自信"，暗自以为"因为是我的孩子，那就没问题"，也因此不怎么把对孩子的期待挂在嘴边。

相反地，若父亲强加期待在孩子身上，那么他会感到压力很大。

请各位家长不要忘记，"要报考哪所中学"最终应该由孩子本人来决定。

20. 让孩子自由往返辅导机构

如果没有喘息的机会，那么孩子会崩溃

当提到优秀职场人士的面貌时，大家眼前是不是会浮现出这样的身影：不放过搭乘通勤电车的时间，争分夺秒地投入语言和资格考试的学习中的人。

我也经常碰到过这样的情况，然后净瞎操心"那人是不是真的读进去了"。我认为一天的工作已经让身心十分疲惫，在电车上完全可以发发呆，放松一下。

我认为孩子在上下学的路上，也可以跟朋友聊聊天，放松一下。如果没有这种喘息的时间，那么孩子会崩溃。请家长不要认为只要一心扑在学习上就是好事。如果孩子的身心已经变得很脆弱，那么届时无论学什么都是徒劳。

请给孩子留一些零碎的闲暇时间，避免孩子精疲力竭。

21. 睡觉前让他学习自己有信心的内容

让他在一天结束之际，收获自我肯定感

当小升初考试一步步迫近时，似乎越来越多的孩子会在

夜里说这种梦话："对不起，我还没做完。""怎么办，来不及了。"

不管孩子说了什么，都能看到每个孩子都面临着压力。

如果是大人，"去喝一杯"就能减轻压力吧。但是，对于无法借酒消愁的孩子，必须用不同的方法让他以愉快的心情结束一天的学习生活。

具体来说，可以让孩子在睡前复习他擅长的题目。

在一天结束之际，若孩子带着有所增强的自信心入睡，可以提升他的自我肯定感，让他以积极的状态投入第二天的学习中。反之，如果他抱着学得很不理想的想法结束一天，那么就会越发消极。请家长们也为孩子的睡前学习花点心思吧。

22. 不要立刻就伸出援手

不起眼的跌倒经历，恰恰可以铸就不屈不挠的精神

小学阶段的男孩子本来就十分幼稚，更不用说现如今的孩子还缺乏"不断追求"的精神。但是，总有一天他们会面临严酷的竞争，因此应较早地让男孩子经历尝试和犯错的过程。

不过，尝试和犯错是有诀窍的。那就是不要让孩子经历

那些会令他一蹶不振的重大失败，只要有小小的跌倒即可，并且家长不要立刻就伸出援手。

经历过几次自己失败后努力爬起来的尝试和犯错后，男孩子就会练就不屈不挠的坚韧品格。

当然，让孩子能够爬起来的挫折标准因孩而异。切勿给孩子造成不可能复活的毁灭性打击，这是我希望各位父亲特别注意的。

善于培养男孩子的家长大多弄清了这个标准。

23. 紧急时刻，父亲要替他挡风遮雨

"考试合格的孩子"的父亲都知道自己的责任所在

看到男子中学入学考试当天的情景会发现，越是像开成和麻布这样的名校，陪伴孩子来考试的父亲的比例就越高。父亲即便是请假也会来扮演这个角色。

当然，母亲肯定也很忐忑不安。但是，一些家庭已经做好角色分配，男孩子的某些重要场合是由父亲出面。

像这样，在父亲很好地把握了自己在家里的位置的家庭，往往孩子的学习也会蒸蒸日上。平常总是被母亲特有的温柔所包围的男孩子，在一些特殊的时刻也会因为父亲的出现而倍感安心。

因此，当男孩子经历了较大的失败时，就需要父亲出马

了。同为男人，请父亲认真地倾听孩子的故事吧。此外，若父亲能安慰孩子"老爸也经历过很多次的失败啊，不过没事的"，孩子就会重整旗鼓，重新出发。

24. 让他用 49 次的失败收获 51 次的成功

把握失败经历和成功经历的平衡，以防孩子被击垮

以前盛行失败成长论——男孩子就是要通过失败来成长。因此，父母那一代人往往认为比起成功，还是要让儿子经历更多的失败才行。

的确，诚如我前面所说，成长的过程需要失败的经历。在企业工作的东大毕业生中，从地方公立学校考入东大的和从升学名校考入东大的相比，作为近来的一种趋势，据说后者在商业领域的能力更强，更吃得开。兴许这是因为在地方曾经被称为"神童"的孩子与那些在升学名校一路打拼过来的孩子相比，"失败经历"较少吧。

但是，现在的孩子如果失败经历多了就会被击垮。那么，以 49 次失败对 51 次成功这个比例来积累经验未尝不可。

25. 构筑"家以外的空间"，使孩子可以吐露一些丧气话

需要"支持我的人"和"指导我的人"

父母虽然有角色分配，但二者都是孩子的"支持者"。

不过，男孩子除了"支持者"，还需要"指导者"。给孩子构筑一个家以外的空间，让他在遭遇挫折时，可以吐露一些丧气话，获得建议，这很重要。一直以来是学校的老师在承担这部分的责任。但是，他们在这方面的作用正在减弱，因为现在的孩子个性不一，而必须对一票人进行统一指导的老师却无法针对每个人，让其发挥自己的优势和个性。

那么，这就轮到我们辅导机构的讲师和少年棒球或足球俱乐部的教练出马了。在辅导机构或俱乐部，不仅有指导者，孩子还能和志同道合的伙伴一起切磋技艺，体验胜负，这对男孩子来说尤为必要。

26. "数值化"和"惩罚"并用

男孩子很单纯，喜欢简单明了

有些补习班会按照成绩排名来安排孩子的座位。一般在考试

中取得好成绩的孩子会坐前排，而倒数第一的孩子则坐最后一排。

这种方式可能会吓退女孩子，但男孩子却无所谓。

因为男孩子认为，倒数第一是很丢脸，但是被发配到最后一排的位置是"对自己不努力的惩罚"。男孩子喜欢简单明了，他明白：努力的人坐在最前排是理所当然的。

此外，切身地体会过"输给别人是很不爽的事情"后，男孩子不仅会在接下来的学习中以失败为鉴，还会单纯地认为只要努力了自己也能坐到最前排的位置。

像这样，男孩子一旦有了数值化的目标（这里指的是要打败多少人，才能够坐到最前排的位置），再加上游戏性质的惩罚，他就能够很好地做到"前覆后戒"。

结语

今天在 VAMOS，又有某些学生因为丢三落四、损毁讲义、大声喧哗而被讲师训斥。这里的"某些学生"不用说，定是男孩子无疑。去上个厕所，结果只顾着跟朋友聊天，不知道回来上课的也是男孩子。

在讲师格外严格的辅导机构尚且这副德性，在家就更不知收敛了吧。我耳边仿佛已经传来家长们的声声叹息：家有顽劣儿童欠调教啊。

但是，不管是多么没有定性的孩子，若按照本书的方法来加以引导，就一定能够得到提高。关于这点，请家长们放心。家长们大可做好心理准备：男孩子就是那么回事儿，然后抱着这样的觉悟去督促孩子的成长。

不过，家长必须意识到父母那一代人的"那么回事儿"和这个时代的孩子们大相径庭。即使孩子犯错了，也请家长们不要把你们那一代人的失败成长论和价值观强加给孩子。

未来的世界会因人工智能而发生天翻地覆的变化，而人类的应有状态也会因此发生改变，这点无须多言。

现在的孩子们生活在一个"未来十年、二十年后的发展趋势难以捉摸"的社会。但和父母那一代人一样，"因为我现在全身心地投入法律学习中，日后就一定能作为一名律师立足谋生"，这种事情没有任何人能给他打保票。

为了把男孩子培养成一个可以从容应对这样的社会并笑到最后的人，家长也必须做出改变。请家长们不要再把孩子和孩童时代的自己相提并论，也不要把孩子和隔壁家的孩子相比较，更不要再因为孩子的事情而让自己的心情起起落落。

请看着你面前的孩子并相信他。

请带着欢欣雀跃的心情去期待"在这个瞬息万变的社会，这个孩子究竟会有些什么样有趣的表现呢"。

你的孩子是一块宝石，他蕴含着一种可能性：他可能会实现父母那一代人做梦都想不到的成就。请家长们务必享受打磨这样一块"宝石"的过程。

2018 年 11 月
富永雄辅